침몰
가족

CHINBOTSU KAZOKU-KOSODATE, MUGENDAI.
Copyright © Tsuchi Kano 2020
Korean translation rights arranged with CHIKUMASHOBO LTD.
through Japan UNI Agency, Inc., Tokyo and Shinwon Agency Co., Seoul

이 책의 한국어판 저작권은 Shinwon Agency를 통해
CHIKUMASHOBO LTD와의 독점 계약으로 정은문고에 있습니다.
저작권법에 의해 한국 내에서 보호를 받는 저작물이므로
무단전재와 무단복제를 금합니다.

비혼 싱글맘의 공동육아기

침몰 가족

가노 쓰치 지음
박소영 옮김

차례

프롤로그 06

1장 침몰가족(8개월~두 살 반) 13
2장 가노 가문(탄생 전) 43
3장 쓰치의 발생(탄생~8개월) 57
4장 전우, 메구(두 살 반~여덟 살) 68
5장 하치조지마(여덟 살~열여덟 살) 97
6장 아버지 야마 씨(배 나온 20대) 118
7장 돌보미들(아이에서 어른으로) 152
8장 극장 개봉(쓰치, 감독 되다) 185
9장 인간 해방(앞으로의 쓰치) 208

에필로그 231

프롤로그

15년 만에 정답 맞추기

 나는 이름도 얼굴도 기억나지 않는 수많은 어른에게 둘러싸여 자랐다. 하지만 20년 전 도쿄 히가시나카노에서의 생활은 기억 너머 어딘가에 있을 뿐이었다. 그렇게 잊고 지내며 어느덧 성인이 되었고 영화 촬영을 계기로 그 시절에 나를 돌봐준 사람들과 다시 만났다.

 나는 1994년 5월 3일에 태어나 엄마, 아빠와 함께 가마쿠라에서 살았다. 그러다 생후 8개월, 엄마는 나를 데리고 히가시나카노로 이사했다. 당시 스물두 살이던 엄마는 낮에는 일하고, 밤에는 사진 전문학교에 다녔다. 갓난아이와 단둘이 남은 엄마는 싱글맘이 되었지만, 홀로 나를 키우지 않았다. 새 파트너와 함께 키우지도 않았으며, 본가에 돌아가지도 않았다. 대신 한 장의 전단을 사람들에게 뿌렸다.

함께 키우지 않을래요?

아들을 함께 키울 사람을 구하는 전단이었다. 하지만 실제로 이 전단을 보고 찾아온 사람은 그리 많지 않았다. 처음에 모인 사람들은 '아는 사람의 아는 사람' 정도였을까. 그러나 꽃구경에 친구를 부르면 점점 하나둘 모이듯 그렇게 아이를 함께 보살필 '돌보미'들이 늘어났다.

돌보미들은 시간표를 짜서 엄마가 집을 비웠을 때 돌아가며 나를 돌봐주었다. 엄마는 돌보미들에게 식사와 맥주 정도는 제공했지만, 돈은 지급하지 않았다. 이후 공동육아는 공동생활로 옮겨갔다. 다 같이 살기로 한 것이다. 엄마와 나, 다른 두 모자, 청년 몇 명이 3층짜리 연립주택을 빌렸다. 엄마가 집을 비우면 다른 아이의 엄마나 집에 놀러 온 어른이 아이들과 놀아주었다.

엄마가 전단을 뿌리면서 시작된 이 공동육아의 형태를 함께 살던 어른들은 '침몰가족'이라고 불렀다.

이 이상한 이름에는 사연이 있다. "남자는 일하러 가고, 여자는 가정을 지키는 가치관이 점점 희미해지고 있다. 이혼하는 부부도 늘어나고, 가족의 유대도 약해지고 있다.

이대로라면 일본은 침몰한다"라고 적힌 전단을 거리에서 보고 화가 난 어른들이 "그럼 우리는 침몰가족이네"라며 웃어버린 것이 이름의 시작이다.

침몰가족을 처음 듣는 사람은 머릿속에 '?'가 둥둥 떠다닐 텐데, 공동육아의 당사자인 나 역시 거의 아는 게 없었다. 침몰가족에 모여 있던 어른들은 그날그날의 내 모습이나 아이를 처음 돌보고 느낀 점 등을 육아 노트에 남겼다.

- **쓰치는 아주 '좋은 녀석'이 될 것 같다. 나와 마음이 잘 맞는다. 아주 마음에 든다. 잘해주고 싶다.**
- **쓰치가 크면 자전거를 타고 맥주를 사다 주겠다고 말했다. 메구는 호코 씨에게 아와모리**[오키나와의 증류주]**를 사다 준다고 말했다. 착한 녀석들!**
- **오늘 처음, 쓰치가 내 이름을 불러주었다. 엄청 기뻤다.**

대학생이 되고 나서야 처음 이 노트를 읽었다. 훗, 쓴웃음이 나왔다. 자전거를 타고 나가 맥주를 사다 주겠다는 약속도 글을 쓴 사람이 누군지도 기억나지 않았다. '쓰치'라는 갓난아이는 어딘가 먼 세계에서 살았던 누구였는지 지금 내 기억 속에 아무것도 남지 않았다. 그 점이 싫었다.

나를 키운 침몰가족은 지금의 나에게 어떤 영향을 주었을까? 하나하나 답을 맞춰보고 싶었다.

나는 대학 졸업 과제로 이 이야기를 영화로 만들어보기로 결심했다. 카메라를 들고 한 명 한 명 찾아가면 기꺼이 만날 수 있으리라 생각했다. 그리고 15년 만에 나를 돌봤던 사람들을 만났다. 나를 돌봐준 어른들뿐만 아니라 나와 마찬가지로 침몰가족에서 자란 아이들, 우리 엄마, 한 살 때부터 지금까지 침몰가족과는 다른 곳에서 만나온 아빠 야마 씨 등 여러 사람을 만났다.

그렇게 해서 완성한 영화 「침몰가족」은 '피아필름페스티벌'[PFF 1977년부터 열리는 독립 영화제로 신인 감독의 등용문으로 알려져 있다]에서 상영되면서 많은 사람에게 알려졌다. 인터넷 매체나 신문, 방송에서도 '새로운 가족의 형태'로서 침몰가족이 소개되었다. 1990년대 후반에 존재했던 침몰가족을 새로운 가족의 형태라고 하니 기분이 묘했다. 다만 당시 "가족은 침몰하게 될 것"이라고 말한 정치인의 사고방식이 여전히 달라지지 않았다면, 침몰가족은 분명 '새로운' 것일지도 모른다.

자민당의 헌법 개정 초안 제24조에는 "가족은 서로 돕지 않으면 안 된다"라는 문구가 있다. 이 문장은 혼인 또는 혈연관계에 바탕을 둔 '가족'만이 육아와 간병을 할 수 있다는 의미를 내포한다. 그렇다면 침몰가족은 이러한 생각과 정반대에 서 있다. 때문에 오늘날 내 예상보다 많은 사람이 침몰가족에 관심을 보이는 것이 아닐까.

PFF에 출품한 지 2년 뒤 침몰가족이 태동한 히가시나카노의 영화관 '포레포레히가시나카노'를 시작으로 전국에서 영화가 개봉됐다. 20년 전 엄마가 나를 돌보미에게 맡기고 영화를 보러 간 곳도 바로 이 영화관이었다. 나에게는 너무나도 자연스러운 '침몰가족'이지만, 많은 관객이 공감하며 보러 와줘서 신기하기만 했다.

"나는 핵가족 안에서 자랐는데, 이런 환경에서 자라면 좋았을 것 같아요."

"나도 어릴 적에 이웃 아주머니가 돌봐주어서 친근하게 느껴졌어요."

"나도 육아 중인데, 침몰가족을 해보고 싶어지더군요."

평소 자신의 가족과 성장 환경을 남들에게 이야기하는 일은 거의 없다. 하지만 영화를 보러 온 관객들은 자신의 이야기를 하고 싶어 했다. 이 영화는 나를 키워준 어른들을 만나고 싶은 마음으로부터 시작되었다. 이런 나의 마음이 다른 많은 사람에게 '가족'을 이야기하는 계기로 전해져 참 뿌듯했다.

　영화관 로비에서 많은 관객이 내게 자신의 가족 이야기를 들려주었다. 그들의 수많은 가족 사연을 듣고 나니 나는 내 가족의 이야기를 다시금 하고 싶어졌다. 완성된 영화가 개봉한 뒤에도 내가 미처 알지 못했던 일, 생각한 적도 없던 일들이 새록새록 보이기 시작했다.

　영화가 개봉한 기간에 나는 거의 매일 소부선 전철을 타고 포레포레히가시나카노에 가서 매회 상영 후 무대 인사를 했다. 112회에 걸친 관객과의 만남은 무척 행복한 시간이었다. 하지만 영화관에 오기 힘든 사람도 많았다. 영화를 보러 가고 싶지만 아이가 있어서 힘들다는 이야기를 많이 들었다. 이 영화를 꼭 봤으면 하는 사람에게 그런 말을 듣다니, 몹시 안타까웠다.

　영화는 내가 만나고 싶던 사람들을 찾는 마음으로 시작했지만, 이 책은 다르다. 육아에 고군분투 중인 사람들이 읽어주길 바란다. 세상에는 이런 방식의 육아도 있다. 그리고 그렇게 특수한 환경에서 자란 나만이 할 수 있는 이야기가 분명히 있다고 생각한다.

　또 지금 아이가 없는 사람들도 읽어주면 좋겠다. 침몰가족에 모였던 어른들은 대부분 육아 경험이 없었다. 그들이 느낀 갈등과 기쁨이 담긴 기록은 더 나은 육아 힌트가 될 테고, 아이라는 존재가 좀 더 가깝게 느껴질지도 모른다.

엄마는 영화 개봉 후 내게 이런 이야기를 했다.

"내가 공동육아의 힌트를 얻은 것도 과거에 공동육아를 했던 사람들이 세상에 기록을 남겼기 때문이야. 그래서 침몰가족을 보고 힌트를 얻는 사람이 있다면 참 좋겠어."

내 어린 시절은 이 세상을 살아가는 많은 아이 가운데 하나의 사례에 지나지 않는다. 하지만 이렇게 자란 아이도 있다. 내 입으로 말하기는 그렇지만, 누구라도 옆에 있어 준다면 아이는 대체로 잘 자란다.

1장 침몰가족 (8개월~두 살 반)

히가시나카노의 연립주택에서 엄마와 내가 살기 시작했을 때 엄마는 스물세 살, 나는 태어난 지 1년도 채 되지 않았다. 엄마는 사진 전문학교에 다니면서 수도 검침원으로 일했다. 당시 한 달 수입은 14만 엔 정도였다. 아동 부양 수당과 구청에서 나오는 수당을 합친 약 5만 엔을 더해도 생활은 아주 빠듯했다.

엄마는 전단을 만들어 뿌렸다. 그리고 내 이름, 생년월일, 좋아하는 것, 얼굴 사진을 실은 후 그 전단을 히가시나카노역 앞에서 나눠주거나 전봇대에 붙였다.

공동육아 선언

돌보미를 모집하는 전단에는 엄마의 '철학'이 분명하게 드러나 있었다.

(공동?) 육아 참가자 모집 중
나는 쓰치를 만나고 싶어서 낳았습니다. 집에 틀어박혀 종일 가족만 생각하느라 타인과 아무런 교류도 없이 살다가 아이는 물론 나 자신까지 잃어버리고 싶지 않습니다. 공동육아라는 말에서 공동은 대체 무엇이고 어디까지 가능할까요. 아이와 어른, 여자와 남자

공동(?) 육아 참가자 모집 중

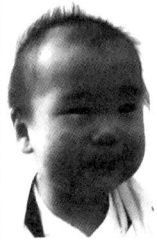

가노 쓰치
1994년 5월
3일생 남자
음악과 전철을
좋아함(아마도).
사진은 95년 3월
촬영한 것

주소 히가시나카노 ×××× ××××
전화 03-3368-××××
관심 있으신 분은
가노 호코에게 연락 주세요

나는 쓰치를 만나고 싶어서 낳았습니다.
집에 틀어박혀 종일 가족만 생각하느라 타인과 아무런 교류도 없이 살다가 아이는 물론 나 자신까지 잃어버리고 싶지 않습니다.
공동육아라는 말에서 공동은 대체 무엇이고 어디까지 가능할까요. 아이와 어른, 여자와 남자 그리고 어머니를 바라보는 사회의 시선 등 아이와 지내다 보면 생각이 많아집니다.

평일 저녁 17:30~22:00 정도까지 (그 외에도) 아이를 돌볼 사람, 계시나요?

엄마가 돌린 전단.

그리고 어머니를 바라보는 사회의 시선 등 아이와 지내다 보면 생각이 많아집니다.

세간의 시선에 구애받지 않고, 또 자신의 어려운 상황을 구구절절 설명하지 않으면서 '나는 쓰치를 만나고 싶어서 낳았습니다'라고 선언하는 모습에 놀랐다. 이 말에서 내가 원하는 일을 할 수 없다면 아이를 만날 수 없다는 엄마의 강한 의지를 느꼈다. 엄마는 오로지 아이 엄마인 자신만이 아이를 돌봐야만 이 아이와 가까워지는 길이라고 생각하지 않았다. 즉 엄마와 아이는 떨어지는 시간이 있기에 만날 수 있다고 생각했다. 자신의 의지를 당당하게 드러낸 엄마의 전단에서 나는 사고의 유연함을 느낄 수 있었다.

모자가 아닌 연인 사이로 바꾸어 생각해도 마찬가지다. 나 역시 아무리 좋아하는 사람일지라도 온종일 함께 있고 싶지는 않다. 떨어진 시간이 있기에 그리워지고, 다시 만나고 싶은 마음이 든다.

그러나 실제로 전단을 받고 집에 찾아오는 사람은 없었다. 아무래도 침몰가족은 엄마 같은 사람이나 시작할 수 있었던 것일까. 영화를 찍는 동안 침몰가족에 있던 어른들은 다들 한목소리로 "카리스마 넘치는 네 엄마 호코에게 매력을 느껴서 침몰가족에 간 것도 있지"라고 말했다. 또 "호코의 인기는 대단했어"라고 말하는 사람도 있었다. 나로서는 엄마에 관한 이야기를 들으면 딱히 무슨 말을 해야 할지 잘 몰랐다.

엄마가 있으니까?

나를 길러준 어른 중 한 명인 페페 씨는 영화 「침몰가족」 극장판 개봉 때 만든 팸플릿에 '미래를 향한 생활'이라는 글을 써주었다. 페페 씨는 글에서 이렇게 말했다.

여러 번 들은 이야기일 수도 있고 앞으로도 그럴 수 있지만, '가노 호코 씨의 이야기'라고 말하는 건 피하는 편이 좋지 않을까요. 물론 저 또한 영화를 보면서 '역시 가노 씨는 재미난 사람이야'라는 생각이 들어서 쉽진 않지만요. 가노 씨가 흥미롭다는 사실을 부정하는 것이 아니라 사람이 모이는 과정의 즐거움, 소중함에 무게를 두고 그 안에서 자신의 모습을 겹쳐보거나 차이를 설명하면서 나오는 이야기가 저는 흥미롭거든요.

당시 침몰가족의 사진을 봐도 사진 속 사람이 누구인지 정확히 알 수가 없다. 엄마도 "널 안은 사람이 누군지 모르겠는데"라며 웃었다. 나는 너무 어렸을 때라 사람이 사람을 불러 모았던 그 역동적인 분위기가 기억나지 않는다. 집을 비울 때 엄마는 우선 육아에 관심이 있거나 관심을 보일 만한 친구들에게 돌봄을 맡기고, 그들을 가깝게 이어주는 역할도 맡았다. 육아 노트를 만들어 서로 자기소개를 하도록 하고, 어떤 생각으로 침몰가족에 왔는지 쓰게 했다. 그뿐만 아니라 평소에 카레 파티를 열어 사람들의 관계를 점점 넓혀갔다.

나도 비슷한 경험이 있는데, 아이의 존재는 그곳에 있는 어른들의 긴장을 누그러뜨린다. 아마 어른들은 나의 일거수일투족을 술안주 삼아 이야기하면서 서먹한 분위기를 금세 누그러뜨렸을 것이다.

'침몰가족'이라는 이름으로 발행한 무료 소식지도 많이 남아 있다. 인터넷이 없던 시절이라 직접 글씨를 쓰고 삽화도 이것저것 그렸다. 페페 씨는 팸플릿에 남긴 해설에서 "침몰가족 사람들은 친구의 친구의 친구 정도 범위였던 것 같다"라고 썼다. 침몰가족 수가 점점 늘어난 배경에는 관심을 보인 사람이 또 다른 사람을 부르던 장소의 힘이 무척 컸던 것 같다. 침몰가족에 처음 온 어른 두 사람이 육아 노트에 이런 말을 썼다.

- 쓰치와 있으면 마음이 참 편안해진다. 아이가 신난 얼굴로 놀고 있어서 다행이다. 활기가 넘친다. 쓰치가 좋다. 다만 약자를 괴롭히지 않았으면 좋겠다. 또 놀러 오고 싶다.
- 제대로 된 돌봄이라곤 전혀 한 것 같지 않지만, 아이와 함께 시간을 보낸 것만으로 만족스럽다.

모든 어른이 항상 돌봄을 위해 침몰가족에 찾아온 건

아니었다. 침몰가족에 가면 누군가가 있다. 술을 마실 수 있다. 아이와 만날 수 있다. 치유된다. 기분이 좋지 않아 누군가와 별로 말을 섞고 싶지 않을 때도 그곳에 가면 마음이 놓인다. 물론 사회적 의의를 느끼는 사람도 있다. 저마다 다르다.

오늘날 일본은 이유를 요구하는 시대다. 무슨 일이건 강한 동기가 있어야 한다. 꿈이 없으면 안 된다. 목표가 없어서도 안 된다. 무언가 행동할 때 그것을 하는 이유를 요구한다. 물론 이유는 있어도 된다. 하지만 이유가 없는 사람도 있다. 침몰가족은 체계적이지도 않았고 명확한 콘셉트도 없었다. 다만 그곳에 있는 것만으로도 그 사람을 인정해주는 장소였다. 그렇게 침몰가족은 사람이 사람을 만나고 모이는 곳이 되었다.

어느 날 갑자기 낯선 어른들이 모여든 것은 아니다. 아기를 함께 키우는 일에 관심을 보일 만한 어른들이 있었고, 그들이 모이는 자리에 엄마가 우연히 가게 되었다. 그것이 침몰가족이 시작된 계기 중 하나였다.

운명적인 만남

낙오연대[1992년 와세다대학 동창이던 가미나가 고이치와 페페 하세가와가 결성한 대안적 삶의 방식을 추구한 청년들의 모임. 보통 사람처럼 '일하지 않는(일할 수 없는)', '가정을 꾸리지 않는(꾸릴 수 없는)', '연애를 하지 않는' 청년들의 교류 활동을 활발하게 벌였다]. 바로 그 모임의 이름이다. 우스꽝스러운 이름이라고 생각할 수 있지만, 정말로 이름 그대로 낙오연대는 사회에서 낙오한 사람들의 모임이었다. 주위에서 그렇게 불렸던 건 아니다. 본인이 스스로 '낙오'를 긍정한다는 점이 특징이었다.

취직도 못 하고, 결혼도 못 하고, 섹스도 못 하는 청년들. 낙오연대는 세상의 기준에 못 미치는 사람들이 뒤처져도 괜찮다며 결성한 모임이었다. 따로 회원 가입 절차도 없었다. 느슨하게 이어진 낙오연대의 주요 활동은 단연 '교류'였다. 슬로건은 '교류 무한대!' 매일 밤 낙오연대 청년들은 역 앞 광장이나 공원에서 술을 마시며 이야기를 나눴다.

사회에서 낙오한 사람은 툭하면 일을 어렵게 만들어 혼자가 되어버릴 때가 많다. 다 같이 떠들고 웃어넘기자. 좀 더 행복한 생활이 있을 게다. 낙오연대에는 그런 느슨한 분위기가 있었다.

90년대 도쿄 주오선 근처에는 정체불명의 재미난 사람이 많았다고 한다. 낙오연대는 당시 방송이나 잡지에도 소개됐기 때문에 내 영화를 보고 낙오연대를 떠올린 사람도 많았다. 나카노역 앞에서 음악을 틀어놓고 사람들이 젠카[핀란드의 전통춤]를 함께 추는 영상이 남아 있다. 게다가 선두는 유모차에 타고 있는 나였다. 뒤에 엄마의 모습도 보였다. 당시는 이토록 자유분방한 시대였다고 한마디로 딱 잘라 말하고 싶지 않지만, 역시 이런 일도 널리 받아들여진 시절이었던 것 같다. 지금이라면 누군가가 바로 경찰에 신고할지도 모른다.

사람들이 그저 즐겁게 춤을 추는 그 영상을 보고 처음

연립주택 시절의 육아 회의 모습.
가장 왼쪽에 삭발한 여성이 엄마. 삭발한 이유는? '시원하니까'. 그 옆이 나.

엔 놀랐지만 이내 그 모습에 웃음이 나고 콩당콩당 가슴이 뛰었다. 한편 기분 좋게 쌔근쌔근 잠들어 있는 그때의 내가 부러웠다. 만약 지금의 내가 저곳에 있다면 주위의 시선이 신경 쓰여 안절부절못할 텐데, 아기인 나는 아무래도 상관없다는 듯 꿀잠을 자고 있었다. 지금의 내 생활과는 너무나 거리가 먼 모습이다. 영화를 찍으면서 현재 내 생활과 과거를 비교하는 순간이 무척 많았다.

엄마가 처음부터 낙오연대 주변에서 활동했던 건 아니었다. 어렸을 적 친구가 아이를 키우며 어렵게 생활하는 엄마를 보고 낙오연대를 소개했다고 한다. 영화 초반에 엄마가 나를 안고 돌보미를 구하는 전단을 카메라에 보여주는 장면이 있다. 낙오연대에서 독립영화를 촬영할 때 찍었던 영상이다. 사실 그날은 낙오연대와 엄마가 운명적으로 만난 날이기도 했다.

장소는 고엔지에 있는 셰어하우스 '라스타안'. 낙오연대의 아지트 같은 곳이다. 영화에도 나오는 페페 하세가와 씨는 낙오연대의 중심인물이었는데, 엄마의 첫인상에 대해 "처음 봤을 때부터 괴짜였다"라고 회상했다.

도저히 90년대 분위기로는 보이지 않는다는 감상평도 많았다. 나는 당시 분위기를 모르기 때문에 연배가 있는 관객들이 그렇게 말해도 '그런가……' 덤덤했다. 하지만 그 장면만은 70년대를 떠올리게 했다. 엄마가 공동육아의 힌트를 얻은 70년대 공동육아소가 이런 느낌이 아니었을까. 내가 사진에서 본 당시 공동육아소에 있던 여성의 머리 스타일이나 옷차림이 엄마랑 무척 비슷한 걸 보면.

내가 본 공동육아소의 사진에는 여성이 많았지만, 라스타안은 달랐다. 영상에서는 한 살도 안 된 내가 어리둥절한 얼굴로 앉아 있고, 그 옆에 대여섯 명의 남성이 빙 둘러앉아 안주와 술을 놓고 이야기를 나누고 있었다.

처음 그 장면을 보고 머릿속에 연합적군의 산악베이스 사건[1970년대 초반 일본 좌파 테러 조직 연합적군 대원들이 산에서 군사 훈련을 하다가 내부 평가 과정에서 폭행과 살인이 벌어진 사건]을 그린 야마모토 나오키의 만화 「레드」의 한 장면이 퍼뜩 떠올랐다. 조직의 근거지인 산장에는 젊은 남녀와 함께 장래에 혁명 전사가 될 아기도 있었다. 그 장면 속 갓난아이와 영상 속 나는 무척 닮아 보였다. 물론 라스타안 사람들은 서로를 평가하지 않았지만, 페페 씨는 그 자리에서 엄마의 친구에게 이런 말을 들었다고 한다.

"이제 육아 같은 건 못할 수도 있다고 하더라. 역시 괴짜야. 그래도 일리가 있다고 생각했어. 재미있을 것 같아서 한번 가볼까 했지."

당시는 결혼, 가족, 일에서 '남자는 이래야 한다'라는 심리적 압박이 지금보다 강한 시대였다. 대안적 삶의 방식을 모색하던 낙오연대와 페페 씨에게 아이를 함께 키우자는 엄마의 제안은 매력적으로 느껴졌을 테다.

"일본은 침몰하고 있다"

돈은 주고받지 않는다. 하지만 식사와 맥주 정도는 제공한다. 돌봄은 그 사람이 할 수 있는 일을 하면 된다. 돌보미 모두가 교대 시간을 정해 엄마가 집을 비운 사이에 찾아왔다. 처음 온 사람은 나와 단둘이 있지 않도록 경험자가 붙어서 여럿이 함께 있었다.

1996년에 방영된 NHK 프로그램 「청춘 도기&매기」에서 '쓰치 군은 두 살! 우리들의 육아일기'라는 제목으로 연립주택에서의 공동육아 모습을 소개했다. 대학 전공 수업에서 함께 이 영상을 본 친구들은 "이런 곳에서 자랐구나……"라며 놀라워했다. 사실 나도 그들과 비슷한 느낌이었다.

한두 살 때의 기억은 거의 없었다. 방송에서 내레이션을 맡은 배우 사노 시로 씨가 인생에서 가장 귀여웠던 시절의 내 이름을 읽는 것이 놀라웠다. 그때의 인연으로 사노 씨는 영화 개봉 당시 상영 후 토크에도 참석하셨다. 사노 씨는 그 방송을 기억하고 있어서 나와의 만남을 진심으로 기대하셨다.

영상에는 좁은 연립주택에서 네다섯 명의 남성과 어린 내가 함께 있는 모습이 나온다. 돌보미들이 언제나 나를 위해 무언가를 했던 건 아니다. 영상에는 그림책을 읽어주는 사람, 침대 위에서 빨래를 개는 사람, 그 모습을 멍하니

둘이서 살던 연립주택. 엄마가 없을 때도 돌보미가 오기 때문에 열쇠를 현관에 숨겨두었다.
NHK 다큐멘터리에서 열쇠를 숨긴 곳이 고스란히 방송에 나갔다.

보는 사람. 제일 좋아하던(제일 좋아했던 것 같다. 기억나진 않지만) 장난감 기차를 가지고 노는 내 모습을 두 남성이 조금 떨어져서 지켜보는 장면도 있었다.

육아 노트에는 공원에 산책하러 가거나 밥을 먹여준 일들이 적혀 있다. 하지만 영상을 보면 우리 집에 온 사람이 가장 많이 한 일은 그저 '그곳에 있는 것'이었다. 아이는 누군가가 '있는' 것만으로도 무척 안심이 된다. 직접 무언가를 해주지 않아도 내가 하는 것을 봐주고, 때때로 반응해주는 모습은 성인이 된 지금 봐도 기쁘다. 아이와 어울리는 방식이 편안해 보였다.

침몰가족에서 한 달에 한 번 열리는 육아 회의 모습도 영상에 남아 있다. 어른들은 나와 어떻게 어울리면 좋을지 계속 이야기를 나눴다. 회의는 엄마 혼자 주도하는 일 없이 돌보미들 각자가 같은 위치에서 자기 의견을 말했다. 나는 진지한 회의 분위기에 놀랐다. 일주일에 한 번 정도 찾아오는 돌보미가 돌봄에서 무엇을 할 수 있을지 다들 진지하게 고민하는 모습이 보였다. 그날그날 찾아온 사람들이 깨달은 점을 적는 육아 노트도 있었다. 지금 나에게는 육아 노트가 열 권 정도 남아 있다.

처음에는 열 명 정도였던 돌보미들이 친구가 친구를 부

르며 점점 늘어났다. 그래서 모인 사람들끼리 무료 소식지를 만들고 그 이름을 정하기로 했다. 어느 날, 한 사람이 밖에서 이런 전단을 나눠주고 있다며 엄마와 사람들에게 건넸다. 어느 정치인이 이런 글을 썼다고 했다.

지금 일본은 가족의 유대가 희미해지고 있습니다. 이혼 가정도 늘고 있습니다. 남자는 일하러 가고, 여자는 가정을 지키는 전통적인 가치관이 사라진다면 일본은 침몰하고 말 겁니다.

돌보미들은 이것을 보고 처음에 화를 냈지만 이내 웃음을 터뜨리면서 "그렇다면 우리는 침몰가족"이라며 즐거워했다고 한다. 그리하여 무료 소식지의 이름을 '침몰가족'으로 정했다.

무료 소식지에는 집에 온 어른들의 인터뷰나 가족 제도에 관한 생각, 다 함께 놀러 간 침몰가족 여행을 보고하는 내용 등이 실려 있다. 500부 정도 인쇄했다고 한다. 육아노트에는 혼외자 차별에 관해 생각을 나누는 이벤트 안내도 있었다. 그렇다고 침몰가족 사람들 모두가 정치적으로 같은 견해를 공유했던 것은 아니다. 다만 침몰가족에서는 사회에 관해 이상한 건 이상하다고 말했다. 누구나 주저하지 않고 자연스럽고 당연하게 사회 이야기를 나누었다.

받아줄 장소

낙오연대와 인연이 없는 사람들도 침몰가족에 모이기 시작했다. 영화에 나오는 다카하시 라이치 씨도 그중 한 사람이다. 침몰가족에서 그녀는 '시노부 씨'라고 불렸다. 이유는 모르겠지만 나도 그렇게 불렀다. '라이치 씨'라고 부르면 뭔가 어색해서 시노부 씨라고 불렀다. 15년 만에 다시 만난 시노부 씨를 시노부 씨가 아닌 라이치 씨로 부르는 게 참 이상했다.

시노부 씨는 도쿄에 올라와서 만난 남성과의 사이에 아이가 생겨 결혼했지만, 사이가 나빠져 헤어진 뒤 엄마처럼 싱글맘이 되었다. 시골에서 엄마와 둘이 살았던 그녀는 엄마와 아이뿐인 환경이 숨 막혔기에 자신도 아이와 둘이서 지낸다면 또다시 답답함을 느낄 것 같았다. 때마침 누군가가 여기에 가면 엄마를 만날 수 있으리라며 소개를 해주었다. 그리하여 찾아간 곳이 '오카화랑'이었다.

오카화랑은 건축가 겸 댄서라는 특이한 직함을 지닌 오카 게이스케가 운영하는 공간이었다. 건물 앞 도로 맞은편에 설치한 망원경을 통해 화랑에서 머무는 사람들이나 물건을 보고 즐겼다. 그러한 시도를 하던 무렵, 시노부 씨도 우연히 그곳을 지나다가 오카화랑을 만났다. 화랑이라고는 하나 '랑'의 한자가 다르듯이, 오카화랑 역시 사람들이 편하게 모여 교류를 즐기는 공간이었다[화랑은 일본어로 画廊이라고 표기하나, 여기서는 남성 이름에 흔히 쓰이는 사내 '랑郎'을 썼다. 공간 운영자인 오카 게이스케는 일반 주거용 아파트를 '화랑'으로 사용하는 것에 집주인이 항의하자 한자를 달리해 이름이라고 주장했다]. 오카화랑 역시 사람들이 편하게 모여 교류를 즐기는 공간이었다. 재미있을 것 같다며 관심을 보인 사람들이 우르르 모여들었다. 시골의 평범한 가정에서 자란 시노부 씨는 처음 보는 광경이었다.

 1995년 무렵 고엔지, 나카노 등 주오선 주변 이색 공간들은 느슨하게나마 서로 이어져 있었다. 그래서 오카화랑에 드나드는 사람도 낙오연대와 연결 고리가 있었다. 시노부 씨도 히가시나카노의 낡은 연립주택에서 공동육아를 한다는 사실을 알고 자신의 아이와 함께 집으로 찾아왔다.

 엄마는 사실 히가시나카노에 오기 전에 가마쿠라에서 사람들과 아이를 함께 키우려고 한 적이 있다. 비록 엄마의 뜻은 가마쿠라에서는 이루어지지 못했지만, 90년대 도쿄 주오선 일대 문화와는 잘 맞았다. 재밌는 사람이 재밌는 사람을 데려오며 점점 퍼져나가는 분위기가 말이다.

내가 태어난 해는 1994년이다. 당시의 분위기를 직접적으로는 알지 못한다. 물론 1995년에 한신아와지대지진[일본 효고현 고베시와 한신 지역에서 발생한 대지진]과 옴진리교의 지하철 사린사건[신흥 종교단체인 옴진리교가 3월에 도쿄 지하철에 사린가스를 살포한 테러사건]이 일어나고, 윈도즈 95가 발매된 사실은 알고 있다. 이렇게 보면 1995년은 시대의 양상이 크게 변화하는 해였던 것 같다.

내가 다큐멘터리에 흥미를 갖게 된 계기를 만들어준 영화감독 모리 다쓰야[다큐멘터리 감독이자 논픽션 작가. 옴진리교, 언론 자유 등 사회성 짙은 주제를 다뤘다] 씨는 우경화가 아닌 집단화가 시작된 해가 1995년이라고 말한다. 경계심이 높아져 주위를 믿지 못하고 사람들을 '멀쩡한 우리'와 '이상한 저들'로 나눠 외부에서 적을 찾아내 공격하는 식이다. 지금껏 이어지는 께름칙한 시대의 시작이었다. 그 분위기 속에서 낙오연대와 오카화랑은 사회에서 뒤처진 사람도 호탕한 웃음으로 받아주는 곳이었다.

시노부 씨는 엄마를 처음 만났을 때 '이토록 세상을 꿰뚫어 보는 사람이 있구나' 하는 놀라움과 함께 결혼한 것을 후회했다고 한다.

> 쓰치와의 관계

흥미로운 캐릭터다. 나이 차이도 나고, 공동육아가 아니었다면 만나지 못했을 것이다. '친구의 아이'가 아니라 쓰치 본인과 좀 더 깊이 오랫동안 함께 하고 싶다.

> 호코와의 관계

쓰치 못지않게 흥미롭고 매력적인 사람이다. 함께 있으면 긴장이 풀리고, 나는 상상도 하지 못할 정도의 자유분방함이 신선하다. 그리고 때때로 기막히게 '맞는 말'을 한다. 천천히 오래오래 사귀고 싶다.

> 메구(내 딸)와 공동육아에 참여하는 사람들과의 관계

어릴 때부터 여러 사람과 일상적으로 만나는 건 좋은 일 같다. 예를 들면 형제처럼. 핏줄로 이어진 형제일 필요는 없지만, 보통의 가족 제도 안에서는 특히나 어릴 때는 타인과 깊이 사귈 기회를 접하기 어렵다. 공동육아에서는 아이를 돌보러 오는 어른들과 쓰치, 놀러 온 다른 아이들과도 만날 수 있다. 친구를 사귈 수 있다.

'왜 돌봄을 하러 오는가' 나의 경우 ① 시노부

> 아이를 좋아해

나는 점점 변화하는 상태를 좋아해서 아이가 눈에 띄게 커가는 모습을 보면 기분이 좋다. 무엇이든 될 수 있고, 어디든 갈 수 있는 '기운'을 발산한다. 내년에 쓰치는 올해와 다른 사람이 될 것 같다. 그들이 달라져 가는 과정에 나도 함께하고 싶다. 달라져 가는 모습을 기억하는 일. 서로 영향을 주고받는 일. 시간이 지나고 같은 방향을 되돌아보며 술을 마시고 이야기를 나누는 일.

시노부 씨가 무료 소식지에 실은 글.
매회 여러 사람이 교대로 작성했다. 편집도 돌아가며 맡았다.

"그때는 결혼해야 한다고 생각했는데, 호코를 보니까 나도 결혼하지 말고 아이를 낳을 걸 하는 생각이 들었어."

고민하는 어른

침몰가족은 돌봄을 주고받는 관계가 아니었다는 점이 중요하다. 영화에서 시노부 씨는 에피소드 하나를 들려준다.

"네가 한참 카세트테이프를 꺼내 노는 것에 빠져서 말려야 할지 내버려 둬야 할지, 돌보러 온 어른들이 고민하는 내용이 노트에 쓰여 있었어. 돌보미는 호코의 판단을 위해서 노트에 썼는데, 호코는 '어떻게 생각해요?'라고 되묻는 거야."

엄마는 돌보미들이 아이가 잘못을 하면 혼내거나 밥을 먹이기를 기대한 게 아니라, 저마다 아이와 관계를 만들어가길 바랐다. 침몰가족에서 한 달에 한 번씩 열린 육아 회의에서 가장 큰 의제는 '아이와 대립할 때 어떻게 할 것인가'였다. 육아 노트에는 회의 모습이 실려 있다.

- "울음을 그치지 않을 때 내버려 둬도 될까?"
- "계속 달래면 어른만 지치지 않을까?"
- "울게 내버려 두면 역시 안쓰러워."

- "우는 상태로 두는 건 너무한가?"
- "아이도 몸 상태가 안 좋아서 힘들 때가 있어. 마찬가지로 어른도 몸이 안 좋아서 힘들 때가 있고."
- "아이가 어려움을 겪을 때는 우리가 돌봐줄 수 있지만, 그 반대는 불가능하지……."
- "함께 키운다는 마음가짐 없이 아이를 울게 내버려 두는 건 좋지 않아."
- "울음을 멈추게 하는 게 해결 방법은 아니야."
- "아이를 대하는 자세가 중요해."
- "울지 않으면 쓰치가 괴로워도 괜찮은 거야?"

육아 노트에는 식사 시간, 먹은 음식, 내가 한 이야기 등이 자세하게 적혀 있었다. 다음 사람에게 전달하는 방식으로 그날의 과제나 성과도 함께. 아무튼 엄청난 분량이다. 아이를 돌보는 일로 이 정도의 글을 썼다는 것에 돌보미들의 지성과 열정이 느껴졌다. 아이를 키워본 경험은 없지만, 그들은 고민하고 기뻐하며 아이를 돌봤다.

아이가 어른들을 만날 때마다 보이는 반응은 순간적이다. 돌보미들은 내 순간의 반응을 다 같이 돌아보고 어떻게 대응하면 좋았는지 이야기했다. 지금 생각하면 왠지 마음이 놓인다. 이만큼 의논하고 다 같이 고민했다니. 그러니까 나에게 나쁜 영향은 결코 없을 것 같다.

　부모 외에도 다양한 가치관을 가진 어른들이 있었다. 아이에게는 큰일이 아닐 수 없다. 그것을 가장 크게 느끼는 순간은 식사 시간이었다. 점심을 함께 먹은 어른과 저녁을 함께 먹은 어른의 젓가락 쥐는 법이 달랐다. 아이에게 그러한 경험이 어떤 영향을 주는지 알 수 없지만 나는 나름대로 잘 적응했다. 점심과 저녁에 따라 젓가락 쥐는 법을 능숙하게 바꿨던 건 아니다. 자신에게 맞는 쪽을 언제나 선택했다는 뜻이다. 한 살부터 집에 어른들이 드나들던 나의 일상에는 많은 선택지가 있어서 그중 가장 편하고 좋은 것을 고르는 데 익숙해져 있었다.

　욕실도 없고 비좁은 히가시나카노의 낡은 연립주택에 용케 스무 명 정도가 모여 회의를 하곤 했다. 하지만 얼마 뒤 시끄럽다는 이웃의 민원이 들어왔다. 사람이 많이 모이니 어쩔 수 없는 일이었지만, 소음만 문제가 된 것이 아니었다. 엄마는 카레 만들기에 빠졌던 탓에 사람들에게 카레를 자주 대접했다. 하지만 엄마의 카레는 향신료를 듬뿍 사용한 제법 본격적인 요리였던 데다 냄비 한가득 만들어서 냄새가 지독하다는 불만이 주위에서 빗발쳤다. 내 나이

두 살 반. 이웃의 차가운 시선을 알 턱이 없다. 연립주택에서 어른들에 둘러싸여 신나는 나날을 보냈을 뿐이다.

카오스의 매력

그 무렵 시노부 씨가 엄마에게 상담을 했다. 우리 모자와 시노부 모녀 넷이서 함께 살지 않겠느냐는 제안이었다. 시노부 씨는 이혼한 뒤 우연히 알게 된 침몰가족에서 아이에 관해 편하게 이야기를 나눌 여러 사람이 있는 공간을 경험했다. 또 자신도 일하는 동안에 아이를 봐줄 사람이 필요했다. 이것이 단독 주택을 빌린 '침몰하우스'에서의 공동생활을 시작한 계기였다.

하지만 엄마는 넷이서 살자는 시노부 씨의 제안을 거절했다. 두 모자만의 공동생활이라면 자신이 벗어나고자 했던, 집 안에서 완전히 끝나는 생활이 되어버리지 않을까 우려했기 때문이다. 엄마가 일하는 동안 시노부 씨가 나를 돌보고 시노부 씨가 일하러 간 동안 엄마가 시노부 씨의 아이를 돌보는 관계라면, 결국 일반적인 부모와 자식의 관계가 되어버린다. 엄마가 원하던 것은 열린 관계였기에 두 모자만의 생활은 그 속에 묻힐 것 같았다.

엄마는 혈연 같은 굴레에서 벗어나 관계가 없는 사람도

함께 살았으면 좋겠다고 시노부 씨에게 말했다. 엄마의 말에 공감한 시노부 씨는 역시 대단한 사람이라고 생각했다며 인터뷰에서 말했다.

"역시 선견지명이 있다고 생각했어. 넷이서 사는 건 결국 내가 벗어나고 싶던 혈연의 굴레를 되풀이하는 일임을 호코의 말을 듣고 깨달았지."

히로시마의 요코가와시네마라는 영화관에서 엄마와 나, 시인 아서 비나드 씨가 모여 영화 상영 후 토크를 진행한 적이 있다.

"침몰가족은 오래전부터 인간에게 있는 형태죠." 비나드 씨는 어른이 다 함께 아이를 돌보는 아프리카 어느 부족의 사례를 언급했다. 그러자 엄마는 "비슷한 점도 있지만, 조금 다른 점도 있어요"라고 대답했다.

아이를 함께 돌보는 점은 같을지라도 침몰가족은 일부다처제 같은 굴레가 있는 곳과는 달랐다. 아프리카 부족 사회에서는 아이를 다 같이 돌보는 것이 사회적 규범일 테지만, 침몰가족 사람들은 사회적 규범과는 완전히 동떨어진 곳에서 모두가 아이를 돌보기 위해 스스로 모였다. 그리고 아이와 만나는 어른이 끝까지 책임을 져야 하는 일도 없었다. 아이와 맞닿고 싶다, 그곳에 가면 누군가 어른이 있다. 그래서 왠지 안심이 된다. 사람들은 여러 이유로 침몰가족에 모여들었다.

영화를 본 관객 중에는 옛날 농촌에서도 이런 공간이 있었다며 반가워하는 목소리가 많았다. 하지만 엄마가 도시 한구석에서 살아남기 위해 추구한 곳은 폐쇄적인 마을 사회도 혈연도 아닌 육아 경험도 없고 원래 아이를 별로 좋아하지 않는 사람도 어울릴 수 있는 아이와 아이, 어른과 어른, 아이와 어른이 서로 어우러지는 장소였다.

나 또한 고령의 어느 관객으로부터 침몰가족이 옛날에 공동주택에서 아이를 돌보던 것과 비슷하다는 말을 듣고 조금 다르다고 생각했다. 그래서 무대에서 엄마가 말하는 것을 들으며 "맞아!" 크게 맞장구를 쳤다. 물론 옛날에 시골에서 사람들이 아이를 돌보던 환경은 훌륭하다고 생각한다. 하지만 침몰가족은 그것과는 다르다. 간단히 분류되지 않는 공간이야말로 침몰가족의 매력이었다.

침몰하우스

집을 어디에 구할까? 월세는 어떻게 나눌까? 어떤 집이 괜찮을까? 이사 준비는 어떻게 할까? 엄마는 시노부 씨가 이러한 것들을 꼼꼼히 살펴줘서 무척 고마웠다고 한다. 엄마가 "이런 걸 하고 싶어!"라고 무작정 달려드는 기세로 사람을 끌어들이는 반면, 시노부 씨는 상대의 이야기를 잘 듣고 현재 상황을 이해한 뒤에 하고 싶은 일을 차근차근 추진하는 사람이었다. 두 사람에게 따로따로 이야기를 들은 내가 보기에 이들의 궁합은 완벽했다.

엄마와 시노부 씨는 환상의 콤비였지만, 그들이 꿈꾸던 공동생활까지는 장벽이 높았다. 일단 월세가 저렴하고 각자 방이 있는 집이어야 했다. 하지만 조건에 맞는 집은 좀

침몰하우스.
붓글씨 대회가 끝나고 창문 전체에 연습지를 붙여서 밖에서는 이상해 보였을지도 모른다.

처럼 나타나지 않았다. 아직 '셰어하우스'라는 말도 없던 시절이라 혈연이 아닌 사람들이 함께 살 만한 구조를 갖춘 집은 별로 없었다. 더구나 옴진리교의 뉴스가 밤낮으로 보도되던 시기여서 공동생활은 더할 나위 없이 수상해 보였을 테다. 엄마는 무료 소식지에 구청 공무원이 집에 찾아왔을 때의 일을 적었다.

> **구청 공무원에게 "집은 4층이지만 아이가 지내는 곳은 2층이니 그쪽으로 와달라"고 말했는데, 그 공무원은 막상 어디를 노크해야 할지 몰라 헤맸던 모양이다. 도착하자마자 "여긴 대체 어떤 집인 겁니까?"라고 묻기에 여러 명이 함께 산다고 설명했다. 그러자 그가 "기분 나쁜 집이네", "옴진리교 같은 거 아니죠?"라고 말해서 오히려 내가 깜짝 놀랐다.**

지금의 구청 공무원이라면 이런 상황을 이해할까. 적어도 당시에 공동생활은 지금은 생각할 수 없을 정도로 수상해 보였지 싶다. 두 사람은 최후의 수단으로 친척이라고 하기로 했다. 다행히도 공동생활이 가능한 조건에 맞는 집을 구했다. 두 사람이 정착한 곳은 엄마와 내가 처음에 살았던 히가시나카노와 반대 방향에 있는 간다가와강 바로 근처 3층짜리 건물이었다. 1층에 커다란 거실과 욕실, 화장실, 주방이 있고 2층에는 방 두 칸과 화장실, 3층에는 방이 세 칸 있었다. 지은 지 30년 된 건물이었다.

두 사람이 이 집을 선택한 결정적인 이유는 옥상이 있었기 때문이다. 비록 난간은 낡았지만, 신주쿠의 도쿄도청이 보이고 소부선이 덜컹거리며 달리는 모습도 보였다. "여기다!"라며 신이 난 두 사람은 운명적인 만남이 성사된 그 집을 빌리기로 했다.

초창기 입주민은 우리 모자와 시노부 모자 그리고 독신 남성 두 명과 여성 한 명이었다. 각자 방을 정했다. 대부분 전에 살던 집에서 육아에 참여한 적이 있는 사람들이었다. 머지않아 이사한 새집의 이름을 침몰가족에서 따와 '침몰하우스'로 정했다.

침몰하우스로 이사한 뒤에도 예전에 집에 오던 돌보미들이 교대 시간을 정해 찾아왔다. 아마도 시간표와 상관없이 다들 편하게 집을 찾아왔던 것 같다. 밥을 함께 먹을 때가 많아서 모금함을 만들고 다 같이 돈을 넣어두었다. 침몰하우스에 사는 사람이든 밖에서 온 사람이든 누군가는 넓은 거실에 있었기 때문에 내가 놀 상대는 언제나 끊이지 않았다.

옥상에서 수박 깨기. 신주쿠의 빌딩들이 보인다.

오늘날 싱글맘은 어떻게 아이를 키울까. 최근에는 '자발적 싱글맘'이라고 하여 파트너와 아이를 함께 키우지 않겠다는 의사를 확실히 밝히고 낳는 사례도 있다고 한다. 히가시나카노에 가기 전에 엄마는 친정에서 나를 키우지 않겠느냐는 부모님의 제안을 거절했다. 전문학교에 다니고 싶었던 데다 자기 시간이 필요한 이유가 있었다고 해도 좀 더 근본적인 이유는 '자발적 침몰가족'을 하기 위해서였다.

"호코 씨는 어떤 가정에서 자랐나요?"

영화를 본 많은 관객이 던졌던 질문이다. 그도 그럴 것이 나는 영화에서 엄마가 자란 가정을 전혀 언급하지 않았다. 나로서는 솔직히 침몰가족만으로도 버거워서 엄마가 자란 가정을 찍을 생각은 한 적이 없었다. 엄마가 '자발적 침몰가족'을 원했던 배경에는 가정환경에 커다란 이유가 있었다. 그건 분명했다. 하지만 나는 엄마와 부모의 관계에 대해서는 잘 알지 못했다.

2장 가노 가문(탄생 전)

엄마는 1972년 가나가와현 가와사키시에서 태어났다. 아버지와 어머니, 언니와 오빠가 각각 한 명씩 있었다. 나는 경험한 적 없는, 핏줄로 이어진 사람들 속에서 엄마는 자랐다.

할아버지 논지

할아버지는 아동서 편집자였다. 초등학생 때 『신비로운 세계』[초등학생을 대상으로 한 월간 과학 그림책]에서 가노 노부오라는 할아버지 이름을 보고 깜짝 놀랐던 기억이 있다. 나는 어릴 적부터 '노부오 할아버지'를 줄여 '논지'라고 불렀다.

할아버지는 내가 다섯 살 무렵 병으로 세상을 떠났기 때문에 솔직히 함께한 추억은 별로 없다. 어느 날 나는 집에서 할아버지가 위독하다는 엄마의 전화를 받았다. 텔레비전 만화를 보고 싶어 병원에 가기를 머뭇거리자 옆에 있던 돌보미가 얼른 다녀오라고 말했던 일이 어렴풋이 기억난다. 결국 엄마가 서둘러 침몰하우스까지 왔고 곧장 둘이서 병원으로 향했다. 도착한 병실에서 지금까지 본 적 없는 엄마의 침울한 모습을 보고 아무래도 큰일이 벌어졌음을 깨달았다.

엄마는 어린 시절 아버지와 자주 함께 시간을 보냈다고

말했다. 할아버지의 죽음은 엄마에게 아주 큰 사건이었던 것 같다. 할아버지는 예순일곱의 나이에 세상을 떠났다. 엄마는 할아버지를 떠올리며 이런 말을 했다.

"시간이 지나고 노인을 돌보는 일을 하면서 여든에도 건강한 노인을 보면 역시 우리 아버지는 너무 일찍 가셨다는 생각이 들더라. 더 많은 이야기를 나누지 못한 게 아쉬워. 무언가를 창조하고 만드는 것뿐만 아니라 자유롭게 상상을 펼칠 수 있게 해주었어. 집에 아동 문학책도 가득했고, 무언가를 생각하는 일은 누구에게나 보장되는 기본적인 권리라는 걸 알려주었지."

할아버지가 세상을 떠난 지 17주기에 할머니가 앞장서서 할아버지의 단편집을 만들었다. 어린 시절 전쟁을 피해 피난지로 떠나던 날 부모님에게 보낸 편지와 출판사 중앙공론에서 편집자로 일하며 아동서 분야로 옮겨가는 동안 다양한 매체에 썼던 글이 실렸다. 또 가까운 사람들이 '추억 속 가노 노부오'를 테마로 글을 써주었다.

나는 엄마가 쓴 글이 너무나 좋아서 무척 화가 났다. 다음 쪽에 내가 '논지와 포켓몬'이라는 허접한 제목의 글을 써서 더욱 그랬다. 엄마가 쓴 글의 제목은 '새로 덧붙여진 추억'이었다.

N 씨가 눈을 감은 지 약 일주일이 지났을 무렵에 꿈을 꾸었다.

아마도 일요일 어느 저녁, 예닐곱 살로 보이는 내가 이쿠타의 집 마당에서 N 씨와 모닥불을 피우고 있었다. 마당에는 노란 불빛이 비치고, N 씨가 웃고 있는 꿈이었다. 실제로 N 씨가 모닥불을 피울 때 나는 자주 그 곁에 있었다. 하지만 꿈에 나올 만큼 의식한 적 없던 그때의 기억이 갑자기 수면 위로 선명히 나타났다. 이후 N 씨와의 추억을 생각하면 이 광경이 가장 먼저 떠오른다. '새로 덧붙여진 추억'이 되었다.

노란빛으로 물든 낮과 저녁 사이에 모닥불을 피울 때 일몰과 함께 점점 어두워지는 세계(마당)에서 마지막 잉걸불을 지켜보는 것이 가장 큰 즐거움이었다. 해 질 녘 남은 불씨가 살랑살랑 흔들리며 어딘가 이름 모를 거리에 켜진 등불처럼 살아 있었다. 나에게 N 씨는 서서히 떠오르는 생명을 바라보는 신비로운 시간을 공유한 사람이었다. 지금도 나에게는 잉걸불이 있다. 살랑살랑 빛을 내며 살아 있다. 불은 빗줄기에 맞지 않게 지키는 것도 중요하지만, 꽉 막아버리면 꺼진다. 때때로 새 장작도 지펴야 한다. 비록 세계가 칠흑 같은

어둠에 싸여도 나는 또 다른 세계의 불빛을 안다. 잉걸불을 찾아낼 수 있다.
잉걸불은 지금 '마음의 자유'가 아닐까 생각한다.
잉걸불을 만나게 해준 N 씨에게 감사를 전한다.

아버지를 'N 씨'라고 부르다니. 역시 엄마답다. 그러고 보니 이 집에서는 설날에 카드 게임을 할 때, 다들 점수표에 자기 이름의 알파벳 첫 글자를 이니셜로 썼다.

엄마가 이 글을 쓴 시기는 마침 공모죄 법안이 국회를 통과했을 때였다[2017년 일본 국회는 조직적인 범죄를 준비할 경우 처벌하는 내용을 신설한 조직범죄처벌법 개정안을 통과시켰다. 법안의 처벌 규정이 모호하고 적용 대상이 광범위하다는 비판에도 일본 정부는 2020년 도쿄올림픽에서 테러 방지를 내세우며 강행했다]. 엄마에게 할아버지는 곁에 있는 사람이었다. '또 다른 세계의 불빛'을 알려준 사람도 할아버지였으리라.

할머니, 민바

할머니는 여성사 연구자였다. "가노 미키요는 제 할머니입니다"라고 상영 후 토크에서 이야기하면 깜짝 놀라는 사람들이 많았다. 나는 할머니를 '민바'라고 불렀다.

할머니가 어린 시절을 보낸 히로시마에 있는 요코가와 시네마와 대학에서 학생들을 가르쳤던 니가타의 니가타 시민영화관시네윈도에서 내 영화를 상영했을 때 할머니를 잘 아는 사람들이 보러 와주었다. 많은 사람이 영화를 본 감상과 함께 할머니와의 추억을 이야기했다. 할머니를 인터뷰한 『젠더 연구를 계승하다』라는 책에는 상세 프로필이 실려 있었다[한국에 『천황제와 젠더』와 『대화를 위해서』가 번역되었다].

1940년 일본 통치하의 경성(현재 서울) 출생.

나는 대학교 1학년 때 어학 수업에서 한국어를 선택했다. 그 이야기를 들은 할머니가 "나는 서울에서 태어났단다"라고 처음 알려주었다. 할머니에게 일상 회화를 공부한 성과를 자랑하려고 했는데 나보다 한국어가 유창해서 눈이 휘둥그레지기도 했다.

육군이었던 아버지의 전근으로 일본으로 돌아와 1944년에 히로시마로 이주하다. 1945년 8월 6일에 피폭, 아버지를 여의고 외가 근처 가가와현 젠쓰지시에서 성장하다.

할머니는 육군 군인이던 아버지 이야기를 글로 자주 썼다. 할머니의 아버지는 히로시마에서 세상을 떠났지만, 조선인을 괴롭혔던 사람이기도 했다. 원폭 피해자이면서 전쟁의 가해자였던 아버지, 할머니는 생각했다.

출판사에서 의뢰를 받아 전쟁 당시의 생활상을 조사하는 과정에서 여성들이 단순한 전쟁의 피해자가 아니라, 생생하게 후방을 떠받친 역사를 발견하고 후방의 역사 연구에 뛰어들었다.

대학에서 동남아시아 문화를 전공한 할머니는 앙코르와트를 무척 좋아했다. 초등학교 4학년 때 할머니, 엄마와 함께 앙코르와트에 간 적이 있다. 나는 할머니가 단지 여행을 좋아하는 사람이라고 생각했다. 후방의 역사 같은 말은 대학에 들어갈 때까지 무슨 뜻인지 알지 못했다. 참고로 '후방'은 전선의 후방 즉 직접 전쟁에 참여하지 않은 국민이나 국내를 가리킨다.

1990년대는 '모성'과 천황제, 90년대 후반부터는 '히로시마'를 젠더 시점에서 검토…… 2000년대는 히로

시마여성학연구소에서 여성과 히로시마에 관한 강좌를 담당했다. 2002년부터 2011년까지 게이와가쿠엔 대학 특임 교수로서 니가타와 자택이 있는 가와사키시를 오갔다.

할머니가 자신이 히로시마와 마주하는 계기가 된 사건을 이야기했던 일도 기억난다. 할아버지가 다발성골수종 이른바 혈액암으로 세상을 떠났는데, 당시 피폭자들이 많이 걸린다고 알려진 병이다. 히로시마에서 피폭한 자신이 걸리지 않을까 걱정하던 병에 배우자가 걸려 훌쩍 세상을 떠났다. 이 일을 계기로 할머니는 이전보다 훨씬 '히로시마'에 대해 생각하게 되었다. 히로시마에서 피폭한 피해자인 자신과 전쟁에 가담한 일본의 일원이던 가해자인 자신. 남편의 죽음이 그 사실과 마주하는 계기였던 것 같다.

할머니는 나를 무척 아껴주었다. 설날에는 세뱃돈을 주고 비싼 초밥도 사주었다. 나는 할머니가 쓴 책을 제대로 읽은 적이 없었다. 초등학교 시절부터 이쿠타에 있는 할머니의 집에서 '젠더'나 '페미니즘'이라는 단어를 본 적은 있었다(의미는 전혀 몰랐지만). 대학에서 참고 도서가 할머니가 쓴 책이어서 놀라기도 했다. 할머니는 저 높은 구름 위에서 내

오키나와 하테루마섬에서 할머니와 함께. 오른쪽이 엄마, 왼쪽이 나.
할아버지도 오키나와를 좋아했다. 할아버지의 유골 일부는 하테루마 바다에 흘려보냈다.

려다보며 무언가를 지적하지 않고 어디까지나 자신이 뿌리를 내린 지점에서 생각하는 사람이었다. 피폭자로서, 여성으로서, 아시아를 침략한 국가의 국민으로서.

나는 할머니가 어떤 인생을 살아왔는지 전혀 알지 못했다. 유일하게 남아 있는 강렬한 기억은 다섯 살 때 할머니와 함께 히로시마평화기념자료관[히로시마 원폭의 참상을 알리기 위해 1955년에 설립된 기념관으로 원폭 피해 자료를 전시하고 있다]에 갔던 일이다. 할머니의 해설을 들으며 함께 전시를 둘러보았다. 그러던 중 할머니가 미국이 얼마나 끔찍한 일을 벌였는지 알려주었을 때, 나는 무심코 "그럼 미국한테 똑같이 해주면 되잖아"라고 대꾸했다. 내 말에 할머니는 그 자리에서 울기 시작했다. 관람객들 속에서 훌쩍훌쩍 울던 할머니의 모습이 기억난다. 함께 있던 엄마도 당황해서 어찌할 바를 모르기는 마찬가지였다. 지금 생각하면 대체 왜 그런 심한 말을 했는지 나 자신이 한심하지만, 그때는 아무런 생각 없이 멀뚱멀뚱 서 있을 뿐이었다.

엄마는 다섯 살 때 오빠, 언니와 함께 자료관에 간 적이 있다고 한다. 할머니가 다섯 살 때 히로시마에서 피폭했기 때문이다. 할머니에 따르면 옆집 아이의 얼굴이 배구공처럼 부풀어 있었다고 한다. 이 이야기는 몇 번이나 들었다. 8월 6일이 되면 나는 어디에 있든 기도를 올린다.

엄마가 초등학교 5학년 때, 할머니가 아이들에게 피폭 경험을 들려주기 위해 학교에 찾아왔다. 엄마는 친구들이 "호코 엄마가 왔다"라며 놀려서 부끄러웠다고 한다. 그리고 그날은 몇 번이나 들었던 할머니의 피폭 경험이 흔하지 않은 일이라는 사실을 깨달은 날이기도 했다.

"호코 씨가 미키요 씨의 따님이었다니!"라며 놀라는 사람도 많았다. 여성사를 연구하고 여성이 나아갈 길에 앞선

의식을 가진 집이었기에 엄마가 침몰가족을 시작할 수 있던 것이 아니냐는 이야기도 많이 들었다. 하지만 나는 두 사람의 관계를 잘 몰랐기 때문에 제대로 답할 수 없었다.

공감할 수 없는 이상

엄마는 주위 아이들과 다른 가정환경이 콤플렉스였던 시기가 있었다고 한다. 엄마는 할머니가 이해하기 쉬운 일을 하길 원했다. 친구들의 부모님은 아침에 양복을 입고 전철을 타고 출근하거나 가게를 운영하는데, 자신의 부모는 아이들이 학교에 가는 시간에도 자고 있거나 원고가 잘 안 써지면 돌연 밤중에 차를 타고 드라이브를 나가기도 했다. 집에는 늘 책들이 어지럽게 널브러져 있어서 "호코네 놀러 가면 양말이 새까매진다"라고 친구들이 말해 그 이후로는 집에 친구를 부르기도 싫었다. 게다가 부모님은 신문에 광고지를 끼우는 아르바이트나 요구르트 배달원 모집 전단을 보여주면서 일해보라고 권하기도 했다.

엄마는 자신도 그런 어린 시절이 있었다고 말했다. 평범한 집, 평범한 부모를 원하던 시절이 엄마에게도 있었다. 할머니와 할아버지 모두 딸이 사회에 잘 적응하기 위한 노력은 거의 하지 않았다. 엄마도 그렇게 말했고, 할머니도

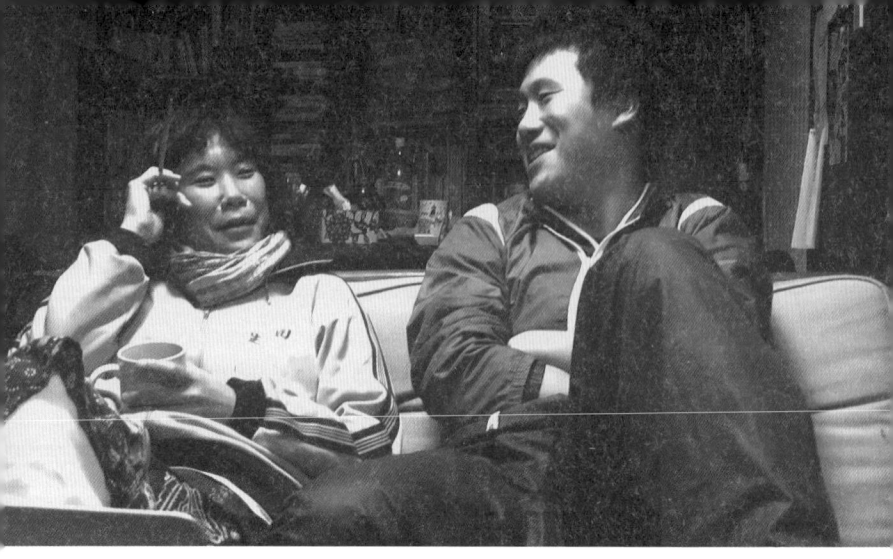

할머니 집(엄마의 본가)에서 NHK 다큐멘터리를 함께 봤을 때.
엄마가 소주에 든 매실장아찌를 자르려고 젓가락을 들고 있다.

그 사실을 인정했다.

"엄마가 내 초등학생 시절이 기억이 안 난다고 하는 거야. 웃기더라. 그야 내가 막내여서 그런 것도 있었겠지만, 엄마는 첫째가 태어났을 때 기뻐한 이후 나머지 애들은 알아서 자란 느낌인 거야. 엄마도 스스로 '부모로서 아이를 잘 돌보지 않았다'라고 말하기도 했고. 만년에 내가 하치조지마에서 하는 일을 응원해준 것도 속죄하는 마음 때문이 아닌가 싶어. 그래도 아직 혼자서 길을 펼칠 수 없던 학생 시절에 관심을 가져줬다면 좋지 않았을까."

보다 즐거운 쪽으로 나아가는 사람으로만 보였던 엄마 역시 혼자서 어찌할 수 없는 시기가 있었다. 어떤 아이도 스스로 선택할 수는 없다.

"내 자식인데 머리가 나쁠 리 없어 같은 이야기를 들었을 땐 기분이 나쁘더라."

엄마가 웃으며 말했다.

'부모로서 아이를 제대로 돌보지 않았다.' 할머니는 그렇게 말했지만, 다른 면도 보인다. 할아버지와 할머니는 고등학교 진학을 앞둔 엄마에게 '지유노모리가쿠엔'이라는 사립학교에 지원하라고 했다. 두 사람에게는 공교육에 의문이 있었다. 하지만 그 학교에 가고 싶지 않던 엄마는 면접에서 "저는 이 학교 다니기 싫어요"라고 말해 무사히 떨어졌다.

"돈을 내고 사립학교에 가서 자유를 선택하는 건 특권 계급이 하는 일이라고 생각했어."

소주를 홀짝이며 웃으며 말해도 실은 엄청난 이야기를 하고 있었다. 이 무렵부터 엄마의 카리스마가 서서히 나타났는지도 모른다. 엄마는 사립학교 대신 집에서 멀리 떨어진 공립고등학교에 진학했다.

- 아마 부모님한테도 이상 같은 게 있었을 거야. 다만 그것이 자식과 맞지 않는다는 사실을 깨닫지 못했던 거겠지.
- 지금은 그 마음에 공감할 수 있어?
- 아니, 공감은 할 수 없어.

내내 웃으며 이야기하던 엄마의 표정이 그 말을 할 때만큼은 진지했다.

3장 쓰치의 발생(탄생~8개월)

"10대 때는 살아 있다는 느낌이 없었어."

엄마는 평소에 자주 그렇게 말했다. 그 무렵 엄마는 우연히 사진 스튜디오에서 아르바이트를 하면서 사진의 매력에 빠져 있었다. 필름 카메라 시절이라 찍은 사진을 그 자리에서 확인할 수 없었기에 현상하는 방법을 배워 혼자서 현상을 했다. 인화한 사진이 과연 어떨지 기대하며 홀로 암실에서 작업하는 그 시간이 무척 즐거웠다고 한다.

엄마는 줄곧 누군가와 함께했다. 혼자서 묵묵히 자신의 세계에 빠져 즐거워하는 엄마의 모습이 상상되지 않았기에 그 말은 뜻밖이었다. 엄마가 사진을 만나지 않았다면 이후 인생은 달라졌을 것이다. 내가 이 세상에 태어나지 않았을지도 모른다. 엄마는 야간 사진 전문학교에 다니기 시작했고, 그곳에서 한 명의 남성을 알게 되었다. 그 사람은 나의 아버지 야마 씨다. 두 사람은 가마쿠라에서 함께 살기 시작했고, 얼마 뒤 엄마는 나를 가졌다.

영화가 끝난 후 관객과의 대화 시간에 자주 이야기하는 좋아하는 에피소드가 있다. 영화에서 야마 씨가 찍은 사진을 보며 엄마가 "좋은 사진을 찍는 사람이 꼭 좋은 인간이란 법은 없어"라고 작게 웃으며 이야기하는 장면이다. 엄마다운 말이기는 하나, 역시 엄마도 야마 씨의 사진만큼은 인정했다.

　엄마와 야마 씨는 15년 가까이 만나지 않았고, 아마 앞으로도 만날 일은 없지 싶다. 지금 두 사람의 관계를 생각하면, 어떻게 눈이 맞았는지 자식이지만 신기할 따름이다. 그래도 그 시절 두 사람을 결정적으로 이어준 배경에는 사진이 있었다. 각자 찍은 '가족사진'을 영화의 편집 과정에서 넣었다. 찍었을 당시의 감정과 장면이 저마다 떠오르는 사진이었다. 다큐멘터리 영화를 만드는 사람으로서 사진만의 매력을 잃지 않을까 싶어 넣는 것이 망설여질 정도였다.

쓰치, 탄생

"어쩌다 생겼어, 너라는 존재는."

　가마쿠라의 공원에서 술을 마시며 엄마와 이야기를 나누다가 이런 말이 나왔다. 아무렇지도 않게 그런 말을 하니 참 재미있는 사람이다. 예상치 못한 임신이었던 모양이다. 두 사람은 엄마가 임신했을 무렵부터 이따금 부딪혔다. 나는 두 사람 사이에 무슨 일이 있었는지 자세히 알지 못한다. 다만 당시에 엄마와 친했던 사람이 영화를 보러 왔을 때 들은 이야기가 흥미롭다.

　"야마무라 씨(야마 씨)가 생일 선물로 호코에게 빨간 립스

틱을 선물했는데 호코는 그게 엄청 불만인 것 같았어."

듣고 보니 엄마에게 립스틱 선물은 역시 좀 아닌 것 같다. 이 에피소드는 가마쿠라에 살던 시절 이야기는 아니지만, 그곳에 살 때부터 둘은 안 맞는 부분이 있었을 게다. 엄마는 애초에 누군가와 결혼할 생각이 없었다. 결혼제도에 회의감이 들었기 때문이다. 하지만 임신했을 때부터 공동육아를 해보고 싶다는 꿈이 있었다고 한다.

공동육아를 떠올린 계기는 아마미오섬에 있던 '옛 무가리도장[1970년대 후반 가고시마현 아마미오섬에서 히피들이 함께 생활하던 공동체]'이라는 코뮌을 찾아갔을 때였다. 엄마는 아이들이 여러 어른에 둘러싸여 종횡무진 뛰어다니는 모습을 보고 자극을 받았다고 한다. 하라 가즈오[전후 일본의 다양한 사회 문제를 다룬 다큐멘터리로 유명하다] 감독의 영화 「극사적 에로스」에 나오는 '도쿄 코무우누[1970년대 일본에서 여성해방운동의 일환으로 전개된 여성의 출산과 공동육아를 지향한 공동체]'라는 70년대 공동육아에 대해서도 알고 있었다. 엄마가 이런 정보를 알고 있던 것은 역시 할머니 덕분이었다.

엄마는 함께 아이를 키울 사람들을 모집하기 시작했다. 그때는 아직 임신 중이었다. 가마쿠라역 앞에서 앞으로 태어날 나를 돌봐줄 사람들을 구했다.

1994년 5월 3일, 나는 건강하게 태어났다. 3.1킬로그램이었다. 엄마가 스물한 살, 야마 씨가 스물세 살 때였다. 출산은 집에서 조산사와 엄마의 친구가 와서 도와주었다고 한다. 이름은 쓰치. 가마쿠라 유이가하마에 있던 집에서 쓰레기를 버리러 가는 길이 도로 공사로 콘크리트를 들어냈는데, 우연히 엄마가 그곳을 지나다가 흙냄새를 맡은 것이 계기였다. 역시 대범한 엄마는 '쓰치[일본어로 흙이라는 의미]'라는 이름이 떠오르자마자 그대로 정해버렸다. 나라면 아마 그러지 못했을 거다.

나는 내 이름을 아주 좋아한다. 참고로 야마 씨는 쓰치라고만 하면 아쉽다며 타협안을 하나 제시했다. 한자로 '東土'라고 쓰고 '도도'라고 읽는 이름이었다. 이건 너무 개성이 강한 느낌이다.

엄마가 출산하는 모습을 야마 씨는 열심히 카메라에 담았다. 야마 씨도 무척 좋아하는 영화 「극사적 에로스」에서는 하라 가즈오 감독이 사귀던 애인의 출산 과정을 찍는 장면이 나오는데, 틀림없이 그 장면과 똑같은 상황이었다. 야마 씨는 가마쿠라의 허름한 집에서 엄마가 출산하는 모습을 흑백사진으로 찍었다.

내가 초등학교 4학년 때 친구와 우연히 집에 굴러다니

내가 태어난 지 이 주일 정도 지났을 무렵에 야마 씨가 찍은 사진.
영화 전단에서 메인 사진으로도 사용했다.

던 옛날 앨범을 둘이서 본 적이 있다. 성장 순으로 사진을 붙인 앨범 첫 장에는 엄마가 나를 낳는 바로 그 순간, 내 머리가 나오는 모습이 고스란히 찍혀 있었다. 창피해 죽을 것 같았는데, 어째서인지 "이건 다른 사진이네"라고 애써 침착하게 앨범을 덮은 후 다른 앨범을 꺼내왔다. 성장 앨범의 첫 장으로는 제격이라고 생각하지만, 친구가 엄마의 출산 장면을 보다니 창피했다. 친구도 그 마음을 눈치채고 못 본 척했다. 친구는 지금도 그때의 일을 기억하고 있을까.

영화를 만들면서 사진을 다시 제대로 보니 정말로 이게 나인가 싶었다. 어딘가 쓰게 요시하루[1960~1970년대 꿈과 현실을 기괴하고 초현실주의적으로 그린 만화를 발표해 지금까지도 높은 예술성을 인정받는 일본의 유명 만화가]의 세계처럼 보였기 때문이다. 적어도 1994년으로는 보이지 않았다. 그 사진은 정말 아름답다. 두 사람 다 로큰롤이라고 확신했다.

가마쿠라를 떠나다

아이가 태어나고 세 사람의 생활이 시작되었다. 엄마는 가마쿠라에서 공동육아를 하고 싶어 했다. 그때는 야마 씨도 함께하려고 했다. 하지만 꿈꾸던 생활은 이루어지지 않았다. 유모차를 끌고 가마쿠라역 앞에서 전단을 돌려봐도 받아주는 사람이 거의 없었다. 전단을 받고 관심을 보인 사람들과도 서로 원하는 바가 다를 때가 많았다. 결국 돈을 모아서 베이비시터를 구하는 방향으로 분위기가 흘러가자 아무래도 이상한 방향이 되었다고 느낀 엄마는 거기에서 빠졌다고 한다.

야마 씨와의 사이도 여전히 나빠서 엄마는 이대로 셋이서 살기는 무리라고 날마다 생각했다. 야마 씨는 셋이 사는 것을 고집했다. 하지만 엄마는 달랐다.

- 가마쿠라에서 잠깐이지만, 야마 씨랑 함께 살았잖아.
- 응.
- 지금 돌이켜보면 어때? 즐거웠어?
- 별로 즐겁지 않아. 즐거웠다면 계속 같이 살았겠지. …… 나를 존중해주는 느낌도 전혀 없었고, 오히려 부정하는 일이 더 많았던 것 같아. 마치 데이트 폭력처럼 '내가 너를 이만큼 생각하는데'라는 사고회로라고 할까. 지금은 모르겠지만.

영화에서 엄마와 나는 과거를 회상하며 이야기를 나눈다. 엄마는 그때를 떠올리면서 쓸쓸한 표정으로 조심스럽게 말했다. 당시 느낀 분노와 괴로움이 다시 떠올랐는지도 모른다. 엄마의 말투에서 두 사람의 관계가 얼마나 심각했는지 느껴졌다. 자세한 에피소드는 묻지 않았지만, 엄마가 그렇게 어두운 표정을 짓는 일은 드물었다.

엄마는 나를 데리고 가마쿠라를 떠나기로 결심했다. 친정에서 나를 키우지 않겠냐는 할머니의 제안도 있었지만 거절했다. 아이와 자신, 자신의 부모로 이어지는 한 방향의 화살표로 돌아가리라고 생각했기 때문이다. 그렇게 해서 나를 키우는 건 엄마에게는 야마 씨와 함께 사는 것과 다를 바 없었을 테다. 공동육아에 대해 할머니는 딱히 걱정도 응원도 하지 않았다. 다만 "요즘 같은 세상에 과연 사람들이 모일까?"라고 말했을 뿐이다.

내가 태어나고 8개월이 지나 엄마는 가마쿠라를 떠나 히가시나카노로 이사했다. 휴학했던 사진 전문학교도 1995년 4월에 복학했다. 돈 한 푼 없이 갓난아기를 품에 안고서. 히가시나카노로 이사를 막 했을 무렵 엄마와 나는 아주 위태로운 상황이었을지도 모른다.

낙오연대 주변에서 만난 사람들이 말해준 엄마의 에피소드는 여기서 다 밝히지 못할 만큼 기상천외한 이야기가 많다. 다마가와강에서의 일은 지금도 기억에 남아 있다. 엄마가 나를 데리고 다마가와강 하천에 텐트를 치고 사는 친구에게 놀러 갔을 때다. 엄마는 술을 마시고 완전히 만취 상태가 되어 어느새 홀로 강물에 들어가 맞은편으로 건너가려고 했다. 나는 그것을 알아차리고 큰 소리로 목청껏 울었다. 엄마가 어딘가 먼 곳으로 떠나버릴 것 같았기 때문이다. 지금 생각하면 정말 생사가 걸린 위급한 상황이었다. 위험을 감지한 친구가 서둘러 엄마를 데려왔지만, 나는 그날 밤의 다마가와강을 또렷이 기억한다. 모닥불에서 나는 연기 냄새, 술 냄새, 어른들의 찌든 담배 냄새. 그리고 추운 밤의 강물. 다마가와강을 볼 때면 그것들이 떠오른다.

차마 웃지 못할 이야기도 꽤 많지만, 엄마는 늘 웃고 있었다. 많은 사람이 엄마를 처음 봤을 때도 비슷한 느낌을 받았다. 다만 돌보미 중 한 사람은 엄마의 첫인상에 대해 이렇게 말했다.

"처음에 호코가 널 안고 왔을 때, 내 눈에는 정말 지쳐 보였어. 이대로라면 너를 죽일 수도 있다는 위기감 같은 것이 확 느껴지더라."

침몰가족에 사람들이 모이지 않았다면 나는 어떻게 되었을까 생각하니 등골이 서늘하다. 경제적으로 몹시 쪼들린 엄마와 생후 8개월인 나. 우리 두 사람은 길거리에 나앉

앉을지도 모른다. 그저 누군가가 집에 와주는 것만으로도 엄마와 아기에게는 큰 도움이 되었다. 그런 생활이 1년 반 정도 이어진 뒤 우리는 침몰하우스에서 공동육아와 공동생활로 옮겨갔다.

4장 전우, 메구(두 살 반~여덟 살)

침몰하우스에서 공동생활이 시작된 시기는 1996년 가을이었다. 모였던 어른들은 다들 똑같은 이야기를 한다. 침몰가족은 경제적으로 살아남기 위한 장소였다고 말이다. 초기 멤버는 두 모자와 독신 청년 세 명이었다. 저마다 자신만의 방이 있고, 크기나 방의 위치에 따라 월세가 달랐다. 엄마와 내가 살던 방은 가장 추웠고 또 가장 더웠다. 엄마가 방에서 사진 현상을 하길 원해서 수도도 있었다. 2층 침대에 누워 있으면 간다가와강을 건너가는 소부선 열차 소리가 들려왔다.

당시 침몰가족을 취재한 요미우리신문 기사에 따르면 월세는 2만 8천 엔부터 5만 4천 엔까지였고 전기료는 각자 부담이었다. 침몰가족에 모였던 '돌보미'는 스무 명가량이었다. 변동도 있어서 어디까지나 처음에 이랬다는 정도다. 1층에는 넓은 거실과 화장실, 욕실, 주방이 있고, 사람들은 대체로 그곳에 모여 있었다. 역에서 걸어서 10분도 걸리지 않았다. 신주쿠도 가까운 히가시나카노에서 이 정도 가격에 살 수 있는 집은 좀처럼 없었다.

침몰하우스의 일상

날마다 모르는 누군가가 술을 마시러 오는 일상은 카오

히가시나카노 간다가와강에 걸쳐 있는 다리 위에서.
야마 씨 촬영.

스 그 자체였지만, 침몰하우스 주민과 그곳에 찾아오는 사람들은 공간을 어떻게 쓸지 궁리하며 생활을 꾸려나갔다.

- 함께 생활하면서 동거인이나 외부에서 오는 사람한테 불만을 느낀 적 있어?
- 가노 씨한테 불만이 대단했지. 슈퍼에서 반찬 담는 일

회용 용기 있잖아. 그걸 가노 씨가 계속 쌓아두는 거야. 피크닉 갈 때 쓴다면서. 게다가 그걸 공용 공간에 버려둬서 꽤 항의가 심했어.

지금에 와서는 웃을 이야기지만 '공용 공간'과 '개인 공간'의 명확한 구분은 침몰하우스 생활의 기본 규칙이자 상식이었던 것 같다. 나는 규칙과 상관없이 거실이든 내 방이든 아랑곳하지 않고 돌아다니며 마음껏 놀았다. 침몰하우스에서 함께 살았던 사람이 촬영 때 이렇게 말했다.

"지금이니까 너한테 말하는 건데. 내가 사 온 우유를 네가 마음대로 마셔버려서 늘 내가 채웠거든. 그래도 어느새 금방 냉장고에서 우유가 사라지는 거야. 네가 떠난 뒤에야 '아, 쓰치가 많이 마셨구나' 하고 깨달았어. 우윳값 물어내라고 하고 싶을 정도야(웃음). 말이 나온 김에 말이지, 욕조에서 나온 뒤에 네가 옷도 안 입고 맨 엉덩이로 방석에 앉는 게 진짜 싫었어. 그때도 뭐라고 했는데 전혀 말을 안 듣더라."

미안하면서도 쩨쩨하다고 느꼈지만, 솔직히 전혀 기억나지 않는다. 뒤늦게 반성을 할 수도 없어서 웃어버렸다. 누군가는 우유를 집에 사다 주기도 하고, 화장지를 갈아주고, 쓰레기를 비우기도 했다. 침몰하우스는 혼란스러운 공간이면서도 그 장소의 매력을 지키기 위해 저마다 나름대로 노력하고 있었다. 영화를 찍으면서 그 점을 깨달았다.

육아 노트는 총 열 권이다. 그 노트에는 아이의 성장 기록만 쓰여 있는 건 아니다. 전기료나 수도료 영수증이 풀과 테이프로 잔뜩 붙어 있다. 그 아래에는 분담하는 계산식과 납부 기한 등 숫자가 빼곡하게 적혀 있었다.

시노부 씨는 입주한 지 3년이 지나 침몰하우스의 계약을 갱신하면서 무료 소식지에 글을 쓴 적이 있다. 밤에 시끄럽다는 이웃들의 민원이 들어와서 계약을 갱신할 때 부동산에서 호되게 주의를 받았다고 한다.

> 가끔 아래층 거실에서 사람들의 떠들썩한 분위기가 느껴지면 나는 마음을 졸이며 "조금만 조용히 해줘"라고 말하러 갔다. 하지만 모처럼 즐거운 분위기에 찬물을 끼얹는 역할을 하려니 마음이 아주 무겁다. (……) 그래서 이런 생각이 들었다. 숨죽여 살며 무사히 계약을 갱신한들, 그런 맥 빠진 침몰하우스에 살고 싶은지.
> 나는 기본적으로 사람들이 드나들기를 원해서 공동생활을 선택했기에 손님이 집에 오면 기쁘다. 약속한 사람도, 그

> 냥 갑자기 들른 사람도, 우리 집에서 저녁을 먹고 싶은 사람도, 그날 우연히 만난 사람도 모두 반갑다.
> 물론 몸과 마음 상태가 안 좋거나 바쁠 때는 다른 날 와줬으면 좋겠다고 생각할 때도 있다. 여러 사람이 함께 사는 이상 누군가는 몸이 안 좋기도 하고, 일이 바쁘기도 하고, 원래 손님이 오는 걸 좋아하지 않을 수도 있다.
> 그래도 사람이 찾아오고 또 사람을 부르는 일을 포기하지 말고, 나 아닌 다른 사람이 있음을 생각하고 배려하면서 교류를 이어가면 좋겠다. 모처럼 만난 인연이니까. 공동생활과 교류의 양립? 여러분, 앞으로도 잘 부탁해요.

공동생활과 교류의 양립. 어렸던 나에게 침몰가족은 '술과 담배와 안주'의 이미지가 무척 강했다. 하지만 그 장소를 유지하기 위해 어떻게 하면 좋은지 다 같이 고민했다는 건 알지 못했다.

더는 왕처럼 굴 수 없어

침몰하우스에서 생활하면서 크게 달라진 점은 한 지붕 아래에 또래 아이와 사는 일이었다. 시노부 씨의 딸 메구는 나보다 두 살 많았다. 처음에는 늦은 밤까지 집에 가지 않기에 이상하게 생각했지만, 머지않아 이 집에서 계속 지낸다는 사실을 깨달았다. 메구는 키가 크고 눈매가 또렷해서 어른스러워 보였다.

메구에 관해 선명하게 기억나는 일이 하나 있다. 평소처럼 침몰하우스 1층 넓은 거실에 어른들이 모여 술을 마셨다. 메구는 학교 숙제를 하고 있었고 나도 그 자리에 있었다. 슬슬 위층 내 방으로 돌아가려는데, 자기 전에 문득 사람들을 웃기고 싶었다. 나는 술판이 벌어진 테이블 구석에서 공책에 무언가를 적던 메구를 향해 엉덩이를 돌리고 방귀를 발사했다. 악의는 전혀 없었지만, 사람들의 반응은 예상 밖이었다. 메구는 울음을 터뜨렸고, 주위 어른들은 담배를 피우며 나의 행동을 마구 비난했다. 나는 당황한 나머지 허둥지둥 3층에 있는 내 방으로 돌아갔다. 한심한 이야기지만, 어째서인지 이 일을 나는 또렷이 기억했다. 침몰하우스로 옮긴 뒤 나에게 가장 큰 변화는 왕처럼 굴던 옛날의 쓰치가 아니라는 것이었는지도 모른다.

영화를 찍기 위해 과거의 사람들과 재회할 때마다 깜짝 놀라지만, 나는 어렸을 때 툭하면 울고 날뛰고 또래 아이들보다 파워가 넘쳤다고 한다. 자기 뜻을 이뤄내기 위해 온몸으로 맞서던 모습을 다들 기억했다. 예전에 살던 연립주택에서는 놀아줄 어른들을 마음대로 골랐고, 모두가 나의 일거수일투족을 술안주로 삼았다. 그래서 방귀를 뀌어도 재밌어할 줄 알았던 나로서는 그 자리에서 비난을 당한 기억이 강하게 남아 있는 걸 수도 있다.

메구는 아주 차분한 여자아이였다. 떼를 쓰며 울음을 터뜨린 적도 별로 기억나지 않고, 억지를 부리지도 않고, 차분하게 생각할 줄 아는 아이였다. "내 밥그릇이 아니야!"

침몰하우스 거실에서.
앞이 메구, 뒤가 나. 쫓는 것인지 쫓기는 것인지 알 수 없다. 개구쟁이.

라며 내가 날뛰고 있을 때, 메구는 만화를 그리는 어른 옆에서 그림을 들여다보며 즐거워했다.

기억에서 사라졌던 나의 막무가내 에피소드를 어른들로부터 듣고 나보다 두 살 위였던 메구가 침몰하우스에서 얼마나 차가운 눈초리로 나를 봤을지 상상이 되어 조금 창피했다. 하지만 어른이 되고 나서 메구와 다시 만났을 때 "자기 생각을 온몸으로 표현했던 네가 부러웠어"라며 뜻밖의 말을 들었다. 늘 침착해 보였던 메구한테 그런 말을 들으니 무척 놀랍기도 하고 조금 멋쩍기도 했다.

여러 명의 아이들이 함께 산다

침몰가족은 '여러 어른에게 키워진 아이'에 주목하기 쉽다. 하지만 침몰하우스 생활은 여러 아이가 산다는 점도 큰 특징이다. 당시 핏줄로 이어진 형제가 없던 나와 메구에게 성격이 완전히 다른 아이와 한집에 산다는 것은 큰일이었다. 자란 환경이 다른 또래 아이. 어른보다도 훨씬 가까이에 자신과 다른 인간이 있음을 강하게 느꼈다. 육아 노트에 쓰여 있어 충격이었는데, 화가 나서 여기저기에 오줌을 싸고 다니는 아이를 직접 본 메구도 마찬가지였을 테다.

침몰하우스를 나온 뒤 영화에 나온 다른 누구보다 메구

를 자주 만났다. 초등학교 2학년 때 집을 떠난 이후 메구를 다시 만난 건 내가 고등학교 2학년 때였다. 엄마와 함께 시노부 씨 집에 찾아갔다. 그때 나는 침몰가족에 흥미나 관심이 없었기에 메구와 어떤 이야기를 했는지도 기억나지 않는다. 나에게 메구는 '처음 만난 여대생'이었기 때문에 그 정도에서 할 수 있는 이야기만 했을 뿐, 대화를 거의 나누지 않았다.

두 번째는 나의 스무 살 생일 때였다. 이른바 '침몰 동창회'에서 과거를 회상하는 날이었다. 침몰가족에서 자란 메구를 다시 만날 생각을 하니 몇 주 전부터 두근거림이 멈추지 않았다. 나는 평소 동아리 활동에서 입는 운동복이나 소매가 닳은 후드티를 입고 학교든 어디든 돌아다녔지만, 그날만은 평소에 입지 않는 옷을 장롱 깊숙한 곳에서 꺼내 입었다. 다시 메구를 만났을 때 무슨 말을 해야 할지 몰라서 내내 말문이 막혔다. 메구가 어떤 초중고 시절을 보냈는지 하나도 아는 게 없었다.

어떤 동아리 활동을 했는지, 키는 몇 센티미터인지, 만나지 못했던 공백에 비하면 아무래도 상관없는 질문을 수줍어하며 물었다. 결국 그날도 메구와 제대로 이야기하지 못했지만, 메구는 침몰하우스에서 함께 지내던 시절과 마찬가지로 차분하게 말하는 사람이라는 인상은 여전했다. 그리고 말을 제대로 꺼내지 못한 이유에는 일단 메구가 귀엽다는 점도 있었다. 15년 전, 이 사람의 얼굴에 대고 방귀를 발사했다니, 상상조차 하기 싫었다.

다시 만난 메구

영화를 찍기로 한 이유는 침몰가족 사람들을 다시 만나고 싶었기 때문이다. 특히 메구는 카메라를 들고 촬영하고 싶다는 명분이 있으니, 둘이서 만날 구실을 만들 수 있을 것 같았다. 나는 메구가 지난 15년을 어떻게 보냈는지 조금이라도 알고 싶었고, 그녀가 침몰가족을 어떻게 생각하는지도 듣고 싶었다.

시노부 씨가 메신저 아이디를 알려주어 조심스럽게 메구에게 연락했더니, 흔쾌히 촬영을 수락해주었다. 만나기로 한 장소는 히가시나카노였다. 기타 케이스를 들고 나타난 메구에게 놀랐지만, 바로 묻지 못하고 침몰하우스와 둘이서 놀던 공원을 둘러보았다.

- 만나자고 연락 왔을 때 엄청 긴장했어. 오랜만에 만나는 사람을 부르려니까 긴장되더라. 넌 긴장 안 했어?

- 나는 오히려 기대되던데. 오랜만에 만나니까 반갑고.

영화를 본 사람들은 그 장면이 마치 사귀기 직전 남녀처럼 보인다고 자주 말했다. 화면 밖으로 튀어 나가고 싶을 정도로 나는 긴장했지만, 메구는 그저 오랜만에 만나는 정도의 기대를 했다고 하니 조금 억울한 기분이 들었다. 우리는 침몰가족에 대해 하나하나 이야기를 나누었다.

먼저 우리는 마치 공을 주고받듯이 각자가 경험한 침몰하우스에서의 에피소드를 번갈아 이야기했다. 당시 아이였던 나에게는 간담이 서늘해지는 사건이 하나 있었다. 초등학교 2학년 무렵에 시노부 씨가 새 파트너와의 사이에서 생긴 아이를 침몰하우스 화장실에서 출산했던 것. 그리고 모두가 태반을 다진 생강과 함께 간장에 찍어 먹었던 일이다[태반을 먹는 문화는 고대 중국의 한방의학에서 온 것으로 일본에서 일반적인 풍습은 아니다. 현대에서는 건강과 미용에 효과가 있다며 음료나 알약 등의 형태로 판매되고 있으나, 날 것 상태로 먹는 일은 드물다]. 그날의 자세한 분위기나 대화는 기억나지 않지만, 접시에 놓인 태반을 웃으며 먹는 어른들의 모습은 선명하다. 그 무렵 나는 미즈키 시게루[요괴 만화로 유명한 만화가]의 열혈 팬이었기에 큰 충격을 받고 요괴를 떠올렸다.

한편 메구는 이런 이야기를 했다.

"다 같이 하나의 화장실을 사용하니까 냄새도 나고 더럽고 낡아서 싫었어. 쥐도 돌아다녔고. 친구를 집에 부르고 싶지 않았어."

나는 집이 더러운 것에 대해서는 별로 신경을 쓰지 않았다. 서로 고개를 끄덕이는 일, 기억나지 않거나 기억하지만 공감되지 않는 일도 많았지만 에피소드를 이야기하며 하나씩 침몰가족을 회상하는 동안 무척 즐거웠다. 그래서 겨우 나도 조금씩 긴장을 풀 수 있었다.

- 침몰하우스에는 4년? 5년 살았던가? 즐거웠어?
- 즐거웠던 것 같아. 내 인생에서 커다란 의미가 있다고 할까…… 부모와 선생님이 아닌 어른의 돌봄을 받는 건 아이에게 귀중한 경험이었다고 생각해. 어려서 내 의사를 언어로 표현하지 못해도 혼났을 때는 이노 씨 한테 가서 응석을 부렸어. 아이가 집에서 부모가 아닌 사람에게 응석을 부릴 곳이 있다는 건 엄청난 일이야.

메구는 내가 침몰가족을 떠나기 1년 전, 침몰하우스에서 아버지가 사는 곳으로 이사했다. 고등학교 때까지 아버

10/29 (화)

오늘은 메구와 우산꽂이를 색칠했다.
메구는 먼저 진한 핑크로 칠하더니
물감을 잔뜩 더 짜서 핑크 핑크.
그다음 갈색을 넣고,
녹색을 더해 응가 색으로 만들었다.
메구가 물감을 칠하는 모습을 지켜봤다.
재미있었다. 가노 호코.

어느 날의 육아 노트. 사진 속 이상한 얼굴을 한 메구와 나.
메구는 엄마를 '호코 군'이라고 불렀다.

히가시나카노 공원에서 메구와 세 시간 정도 인터뷰라기보다 대화를 나눴다.
바로 옆으로 소부선 전철이 지나가서 시끄러웠다.

지와 살다가 졸업하자마자 시노부 씨와 다시 살기 시작했다. 기억나는 에피소드를 하나씩 상대방에게 던져가며 조금씩 기억을 풀어가는 작업은 오로지 메구와 할 수 있는 일이었다. 이런 관계는 아마 누구와도 공유할 수 없으리라는 생각에 나는 메구와의 관계를 영화에서 '전우'라고 표현했다. 메구는 가족도 아니고 남도 아니고 소꿉친구도 아닌, 가족에 가장 가까운 것 같다고 말했다.

- 내가 그곳에서 아이를 키운다고 생각하면 말야. 세간

의 상식도 가르쳐야 하는데 가정환경 자체가 상식에서 벗어나 있으니 불안하면서도 해방감도 들 것 같아. 인류로서 새로운 일을 시도한다는 기분이 아니었을까.
- 인류로서 새로운 일을 시도하고 그곳에서 자란 아이들이 실험 결과 어떻게 되었냐면, 바로 이런 느낌인 거네. 나쁘지 않은 것 같은데?

  서로 생각이 달라도 마음이 편했던 이유는, 메구가 담담하게 자신이 자란 환경을 돌아보고 침몰가족을 "나쁘지 않은 것 같은데?"라고 웃으며 이야기했기 때문이다.

  침몰가족에 관한 취재에 응하다 보면, 그곳에서 자란 것이 지금의 나에게 어떤 영향을 주었는지 물어보는 일이 많다. 특수한 환경에서 자랐으니 궁금한 것도 당연하다. 다만 메구도 나도 침몰가족에서 자란 기간은 인생의 절반에도 미치지 않는다. 침몰하우스 말고도 보육원이나 초등학교라는 세계도 있고, 둘 다 침몰하우스를 떠나 혈연으로 이루어진 환경에서 보낸 시간도 길다. 나는 히가시나카노를 떠나 하치조지마에서 살았고, 메구도 이즈로 이사해 아버지와 함께 살았다.

  성인이 된 우리 두 사람은 침몰가족에서 자랐던 것과 지금의 자신을 지나치게 깊이 연관 짓지 않는다. 그 점이 이 야기가 잘 통하는 부분이었다. 침몰가족에서 자랐던 것이 아주 좋았다거나 혹은 아주 나빴다는 두 가지로 생각하지 않는다. 메구와 나는 그저 '나쁘지 않은 것 같은데?'이다.

"자란 환경과 지금의 자신을 지나치게 연관 지으면 어딘 가 괴로워져. 나라는 사람이 침몰가족으로만 완성된 건 아 니라고 생각해."

울면서 재회를 기뻐하지도, 원망 섞인 불평을 쏟아내지 도 않으면서 담담하게 이야기를 나눈 그 시간은 오로지 메 구와 공유할 수 있는 소중한 시간이었다. 메구는 우리 관 계가 가족에 가깝다고 말하면서 쌍둥이 같다고도 했다. 나이 차는 있지만, 듣고 보니 쌍둥이 같은 느낌이다. 하지 만 사실 침몰하우스에는 또 한 명의 아이가 있었다.

또 한 명의 아이 유피

그 아이는 중간에 들어온 '유피'였다. 유피의 어머니는 이혼을 계기로 침몰하우스에 입주했다. 내가 세 살 반 정도 였을 무렵이었다. 유피는 나보다 세 살 어린 여자아이였다. 방바닥을 기어 다니던 유피는 침몰가족의 어른들에게 사 랑을 듬뿍 받았다. 마치 여동생이 생긴 느낌이었다. 영화에 유피가 나오지는 않지만, 촬영한 영상은 있다. 유피는 18년간 히가시나카노 부근에 살다가 그곳을 떠나 이사할 때 다 같이 꽃구경을 갔다.

- 이 동네에서는 18년 살았나? 생활은 재밌었어?
- 글쎄, 갓난아기 때부터 여기에 살았으니까. 스스로 선택한 것도 아니고. 잘 모르겠어.
- 침몰하우스는 즐거웠어?
- 으음, 즐거웠던 것 같아. 옛날 영상을 보면 춤도 추고 있고. 그게 일상이었으니까.

나보다 세 살 연하인 유피를 오랜만에 만나서 왠지 간단한 질문만 하는 자신이 한심했다. 상상했던 것보다 유피는 어른이 되어 있었다. 유피는 활짝 핀 벚꽃 아래 돗자리에 앉아 따뜻한 국물을 마시며 하나하나 자세히 말해주었다. 웃음을 터뜨리며 밝게 이야기했지만, 그녀의 말들은 전부 묵직했다.

- 침몰가족에서 자란 것이 지금의 네게 어떤 영향을 미쳤어?

- 음, 별난 사람이 많았잖아. 보통의 제대로 된 가정에서 컸다면 아마도 그런 사람이 세상에 있다는 걸 몰랐을 것 같아.
- 그게 어떤 영향을 미쳤는데?
- 시야가 넓어졌지. 뭔가 나한테는 영화를 보거나 책을 읽는 느낌이랄까. '아, 이런 사람들도 있구나' 하고 생각했어. 그건 좋은 일이잖아.

내내 웃으며 이야기하던 유피의 모습이 인상적이었다. 침몰하우스에는 영화나 책에서나 볼 법한 사람이 있었다. 그건 유피에게도, 나에게도, 메구에게도 평범한 일이었다.

- 그런 환경에서 자라서 자신이 지금 사회에 잘 적응하지 못한다고 생각해?
- 아니. 그렇지는 않아. 나는 아주 평범하게 자랐어. 주위에서는 내가 정신 연령이 높다느니 무미건조하다느니 말하지만.

유피는 침몰가족에서 자란 아이 중에서도 가장 오랜 시간 그곳에 있었다. 초등학교 5학년까지 침몰하우스에서 살

앉던 유피는 어른들 사이에서 아이돌 같은 존재였다. 주민이 촬영한 비디오에도 카메라를 향해 보육원에서 배운 춤을 사랑스럽게 추며 주위를 사로잡는 모습이 남아 있다. 그런 유피도 자신을 평범하다고 말하는 게 흥미로웠다.

유피는 나의 라이벌이기도 했다. 그때는 모자 세 쌍이 살고 있었기 때문에 누군가의 어머니가 일하러 가면 다른 어머니가 대개 아이들의 식사를 만들었다. 내가 메구와 시

침몰하우스 옥상에서 시치고산[세 살, 다섯 살, 일곱 살 아이의 성장을 축하하는 전통 행사] 촬영. 왼쪽부터 나, 메구, 유피. 아마 무슨 뜻인지도 모르고 가운뎃손가락을 세우고 있다. 기억에 없음.

노부 씨와 셋이서 밥을 먹는 일도 많았고, 엄마가 나보다 세 살 어린 유피와 밥을 먹는 일도 많았다.

내가 기억하는 침몰하우스의 생활은 초등학교에 들어간 이후부터다. 다만 침몰가족에는 방대한 기록이 남아 있다. 사진과 육아 노트, 촬영된 비디오 등을 다시 보다가 떠오르는 기억도 있다. 그래서 원래 남아 있던 기억인지, 사진을 보고 떠올린 것인지 헷갈릴 때가 많았다.

내가 유피를 질투한 이야기는 육아 노트에도 자주 나오고, 또 내가 기억하는 일도 있다. 1층 넓은 거실에서 엄마가 유피에게 그림책을 읽어주거나 함께 밥을 먹고 있으면 안절부절못하고 그 사이를 비집고 들어가 "이제 잘 시간이야"라며 방해하곤 했다. 엄마와 유피가 노는 모습이 견딜 수 없이 싫었다. 질투의 대상은 언제나 엄마였다. 다른 집과 다르게 놀아줄 상대가 누군가 늘 있었고, 다마고 씨나 이노우에 씨처럼 좋아하는 어른도 많았다. 그런데도 엄마에게 그토록 집착한 이유가 무엇인지 지금도 생각해보곤 한다. 유피가 없어도 엄마가 일정 시간 이상 눈앞에서 사라지면 "엄마 어딨어"라며 울음을 터뜨렸다. 그런 일도 육아 노트에 쓰여 있었다.

카메라를 들고 만나러 갔을 때도 많은 사람이 엄마를

향한 나의 집착에 대해 이야기했다. 침몰하우스에서 함께 살았던 후지에다 씨와 사토 씨는 이런 이야기를 했다.

- 제가 다른 돌보미들과 엄마를 대하는 것이 확연히 달랐나요?
- 응, 엄청났어. 특히 너는 엄마에 대한 집착이 강했던 것 같아. 겉으로 티만 안 냈지, 모두가 그렇게 생각했어. 엄마 밥공기니까 쓰지 말라고 하기도 하고, 돌보미가 와도 "엄마~!" 하고 울음을 터뜨렸으니까. 역시 엄마가 제일이고 나는 가까이 사는 아줌마 정도구나, 느끼곤 했지.

특별한 엄마

'낯선 어른들 손에서 나는 쑥쑥 자랐다.' 영화의 홍보 문구다. 하지만 침몰하우스에서의 생활을 돌이켜보면 역시 나에게 엄마는 특별한 사람이었다. '엄마'임을 인식해서도 아니고 '엄마'라고 불러서도 아니다. 하지만 엄마가 함께 있어 주기를 바라는 마음이 분명히 있었다.

주위 어른들과 엄마는 누가 내 부모인지 필요 이상으로 나에게 드러내지 않았다. 원래 엄마가 오기로 했던 수업 참관에 침몰가족의 어른들이 올 때도 많았다. 엄마를 특별하게 여기던 마음은 병아리가 태어나 처음 본 대상을 부모로 여기는 것과 같은 일이 아닐까. 지금도 확실히는 모르겠지만, 육아 노트에 어른들이 아이와 어울리는 법을 생각하는 회의에서 나눈 대화가 마음에 남아 있다.

호코 얼마 전에 쓰치한테 영화를 보러 가자고 해서 역까지 갔는데 쓰치가 "집에 갈래~"라고 떼를 쓰는 바람에 결국 못 갔어. 기운이 쭉 빠지더라.

아 호코는 거기서 돌아가지? 나는 그래도 갔을 거야.

호코 하지만 그럴 때 날뛰면 엄청나거든. 평소에 느긋하게 쓰치랑 지낼 시간도 없는데 억지로 끌고 가는 건 애한테 안 좋을 것 같아.

아 오늘은 비싸 보이는 꽃병을 양손에 들고 계단을 내려왔잖아. 나는 조마조마하면서 봤지. 그럴 때는 이건 이 집의 소중한 물건이고 깨질 수 있으니까 안 된다고 말하는 게…….

다마고 어제 컵 한 개 깨트렸으니 이건 안 된다고 말하는 방법도 있지.

호코 하지만 빼앗았다가는 또 난리가 나서 힘들어.

아 호코는 좋은 의미에서든 나쁜 의미에서든 아이를 너무 존중해. 세 살 아이와 똑같아지려고 하니까 양쪽 다 지치는 거 아니야?

호코 그러고 보니 "선택의 여지가 너무 많으면 오히려 애가 힘들어져"라는 말을 다른 사람에게 들은 적이 있어. "혼내지 않는 것도 학대야"라고 말한 사람도 있었고.

야구치 나도 그렇게 생각해. 아이에게 야단치는 사람이 없는 건 불행이야. 사회의 틀에 끼워 맞추느냐 아니냐는 또 다른 얘기인 것 같고, 아이에게는 잘못을 하면 혼나고 반성해서 다시 일어나는 과정이 필요해.

한 달에 한 번 열리는 육아 회의에서는 월세 분담과 수도, 광열비 정산을 이야기하면서 아이를 대하는 방식에 관해서도 각자의 생각을 공유했다. 모두가 동등한 입장이지만, 아무래도 엄마와 돌보미는 서 있는 위치가 어딘가 다른 느낌이 든다. 술을 마시다가 막차를 놓쳐 집에 돌아오지 않아도 엄마의 마음속에는 분명히 내가 있었을 테니. 당시 회의 모습이 실린 무료 소식지의 편집 후기에 참가자 한 명이 이런 말을 남겼다.

> 휴, 피곤하다. 이번 호 좌담회는 아주 진지한 자리였다. 참가 소감을 노트에도 적은 것 같지만, 사랑이네요. 사랑을 느꼈어요. 쓰치를 향한 호코 씨의 사랑을 말이죠.

엄마가 특별하다고 강하게 느낀 계기는 우리가 침몰하우스를 떠날 때였다. 내가 초등학교 2학년 때, 우리 두 사람은 야쿠시마[일본 규슈 가고시마현에 위치한 섬]를 여행했다. 엄마는 여행에서 돌아온 뒤 콘크리트 정글인 히가시나카노에 피로감을 느껴 이사를 고민하기 시작했다고 한다. 나도 점점 몸집이 커졌고, 공동육아를 할 필요가 사라진 점도 이유 중 하나였다. 더는 기저귀를 갈아주지 않아도 되고 학교가 끝난 뒤에는 방과 후 교실에서 친구와 놀았다.

엄마가 영화에서는 밝히지 않은 또 다른 이유가 있다. 당시 침몰가족은 텔레비전, 신문, 잡지에도 소개되면서 잠시 화제가 되었다. 침몰가족의 밖에서 볼 때 엄마는 '침몰가족의 상징'이자 실험적인 공동육아의 아이콘이었다. 엄마가 자신을 떠받드는 분위기에 위화감을 느끼기 시작한 것이 그 무렵이었다. 엄마에게 침몰가족은 운동이 아니라 어디까지나 생활이었다. 침몰가족의 어른들이 공유하는 사상적 목표는 없었다. 영화 팸플릿에 글을 써준 시노부 씨의 표현을 빌리자면 침몰가족에는 '마음의 기복, 버릇없는 행동, 잠버릇, 숙취'가 있었을 뿐이다. 아이와 어른 모두 더 편하게 살아가는 쪽을 그때그때 선택했다.

 나도 짐작이 가는 일이 있다. 침몰가족에 관심도 없고 기억도 희미해진 고등학교 시절에는 침몰가족 사람들 한 명 한 명을 보지 않고 '돌보미'라는 역할로 뭉뚱그려 생각했다. 그래서 엄마가 무심코 들려준 하치조지마행의 또 다른 이유가 마치 나에게 말하는 것처럼 설득력이 있었다.

 처음에 엄마는 조금이라도 자연에 둘러싸인 니시구니다치에서 새롭게 셰어하우스를 시작하려고 알아보았지만, 결정을 내리기 직전에 모두 없던 일이 되었다. 그러던 어느 날 빨래를 널던 도중 문득 손수건이 엄마의 눈에 들어왔다. 이즈오시마섬에 놀러 가서 기념품으로 산 것인데, 학교에서 급식을 먹을 때 언제나 책상에 깔았다. 손수건에는 이즈제도[일본 혼슈의 이즈반도의 남동쪽에 위치한 섬들]의 지도가 그려져 있었다. 엄마의 눈길이 머문 건 그중에서 하치조지마의 지도와 온천과 바다, 바나나 나무 일러스트였다. 앞서 니시구니다치로 이사가 무산되어 실망이 컸던 엄마는 때마침 그 손수건을 보고 '원심력이 작동했다'고 한다. 그 후 석 달 뒤 나는 섬으로 가는 배를 타고 있었으니, 엄마가 말한

'원심력'은 엄청난 힘이 작용했던 모양이다.

나는 히가시나카노를 떠나기 싫었다. 학교와 방과 후 교실에 가면 친구들이 있었고, 무엇보다 함께 살던 사람들과 떨어지고 싶지 않았다. 처음에는 생떼를 쓰며 엄마에게 맞섰지만, 점차 그것도 포기했다.

영화를 개봉하면서 들은 이야기가 있다. 나는 당시 어른들에게 "엄마가 그렇게까지 말하니까 어쩔 수 없지"라고 말했다고 한다. 상황을 바로 받아들인 나 자신이 대견해서 웃음이 나왔다. 새로운 섬 생활을 앞두고 기대에 부푼 엄마에게는 무슨 말을 해도 소용없었다. 지금 돌이켜보면 엄마를 그때 가장 많이 원망했는데, 영화를 본 관객들에게 뜻밖의 질문을 받고 깜짝 놀랐다. "아이를 침몰하우스에 두고, 엄마만 하치조지마에 가는 선택지는 없었나요?" 나만 침몰하우스에 남아 시노부 씨나 다른 어른들이 나를 키운다는 건 내 머릿속에 전혀 없는 선택지였기 때문이다.

있을 수 없는 일은 아니지만, 그런 선택은 전혀 떠오르지 않았을 정도로 나에게 엄마는 특별했고, 하치조지마에 따라가야 한다고 생각했다. 나만 침몰가족에 남았다면 어떻게 되었을지 종종 생각한다. 하지만 아이는 부모를 따를 수밖에 없다. 태어난 집도, 부모의 수입도, 직업도, 사는 곳도. 어쩌면 나는 그때 엄마를 따라가지 않을 수도 있었다. 다만 초등학교 2학년이었던 나에게는 그런 생각을 할 여유가 없었다. 그저 슬퍼할 따름이었다.

침몰하우스에서의 마지막 날에 열린 송별회를 찍은 영상을 보니 어른들은 「추억의 앨범」을 노래하며 평소처럼 술을 마셨다. 화면이 옆으로 움직이자 그 자리에 끼지 않고 거실 구석에 이불을 뒤집어쓴 내가 나타났다. 그것이 최후의 소심한 반항이었을지도 모른다. 5년간 살던 침몰하우스를 떠날 때, 나는 영상을 찍던 후지에다 씨를 향해 억지로 씩씩한 척을 하며 있는 힘껏 까불었다.

- 내일부터 하치조지마에서 사는 거야.
- 응.
- 괜찮아?
- 축구 할 거야. 침몰 최고! 찍었어? 찍은 거지?

초등학교 2학년이 된 나에게 돌봄은 더는 필요 없다고 애써 알리는 것 같았다. 이 슬픈 순간을 제대로 찍었는지 확인하는 모습도 애처롭다. 영화를 만들면서 다양한 기록들과 만나 깜짝 놀라고 웃었지만, 이 영상을 봤을 때는 눈

"침몰 최고!"라며 카메라 앞에서 까불다가 "제대로 찍었어?"라며 묻는 모습이 눈물겹다.
불안했구나.

물이 났다.

큼지막한 짐을 메고 히가시나카노역으로 향하는 엄마와 마지막까지 손을 흔드는 나를 배웅하며 영상을 찍던 후지에다 씨도 눈물을 흘렸다. 침몰가족 그리고 히가시나카노와 작별한 나는 엄마와 둘이서 배에 올라타 새로운 땅으로 향했다.

5장 하치조지마 (여덟 살~열여덟 살)

히가시나카노를 떠나 하치조지마로 이사한 것은 초등학교 2학년이 끝나가는 봄방학 때였다. 나는 여덟 살, 엄마는 스물아홉 살이었다. 엄마는 히가시나카노에서 수도 검침원, 장애인 활동 보조원, 졸업식 기념사진 촬영기사 등 다양한 일을 했지만 정규직으로 일한 적은 한 번도 없었다.

옛날에 죄인들의 유배지이기도 했던 하치조지마는 본토에서 남쪽으로 약 300킬로미터 떨어져 있다. 구로시오 해류를 지나 위치한 이 섬은 행정구역상 도쿄 번호판을 단 차들이 달리는 도쿄도이지만, 내가 그때까지 다녔던 북적이는 오쿠보 거리나 고층 빌딩이 늘어선 신주쿠와는 전혀 분위기가 다른 곳이었다. 엄마의 우연한 원심력이 발동해 선택된 이곳 하치조지마에서는 지인도 친척도 없고 일할 곳도 찾지 못한 상태였다. 아이인 내가 보기에도 이건 위험한 유배 생활과 다를 바 없었다.

후지에다 씨의 카메라 앞에서 까불던 나는 침몰하우스를 떠나 밤배를 타고 다음 날 아침 섬에 도착했다. 예정된 항구가 아닌 섬 반대편에서 내린 엄마와 나는 지리도 잘 몰라서 집까지 차로 15분이 걸리는 거리를 걸어갔다. 편의점도 맥도날드도 없었다. 항구에서 언덕길을 아무 말 없이 걸었다. 점차 강한 비까지 쏟아지기 시작했고, 나는 이 섬과 앞으로의 생활에 절망해 울음을 터뜨렸다. 하지만 엄마는 싱글싱글 웃으면서 비를 맞고 우는 내 모습을 사진에 담았다. '아, 이 사람을 따라가면 이렇게 되는구나.' 당시 나는 울면서 깨달았다.

지금도 기억이 선명하다. 하치조지마에서 맞이한 성인식에 대표로 나갔을 때, 섬의 높으신 분 앞에서 이 이야기를 하니 한바탕 웃음이 쏟아졌다. 하지만 여덟 살의 나에게는 커다란 인생의 분기점이었다.

나 홀로 인생게임

전학 간 하치조지마의 초등학교에서는 왕따를 당했다. 등교 첫날, 새 학급 명단이 게시된 현관에서 '쓰치'라는 이름이 화제에 오른 건 어쩔 수 없는 일이었다. 명단에는 '아사누마'와 '기구치'와 '오키야마'가 대다수를 차지하고 있었다. '가노'라는 성조차 드물었다. 아이들은 대부분 보육원 시절부터 같이 자라서 도시에서 온 전학생에게 텃세가 심했다. 무엇보다 나는 비주얼도 심각했다. 가난한 모자 가정의 아이. 깨끗하다고는 못할 허름한 바지를 입은 나는 따돌림당할 만한 요소가 너무 많았다.

히가시나카노에 살 때는 수업이 끝나면 방과 후 교실에

서 친구와 놀다가 저녁 무렵 집에 돌아가 침몰하우스에 있는 누군가와 노는 것이 일상이었다. 내가 먼저 찾지 않아도 항상 누군가가 가까이에 있었다. 그러나 하치조지마에서는 친구가 없어서 학교가 끝나면 집에 돌아와 혼자서 인생게임[아동용 보드게임으로 한때 일본에서 큰 인기가 있었다]을 했다.

침몰하우스에서 마지막으로 푹 빠진 것이 인생게임이었다. 결혼이나 승진, 내 집 마련과 그다지 인연이 없을 것 같은 어른들과 나는 의미도 모른 채 인생의 성공을 목표로 매일 밤 인생게임을 했다. 그래서 섬으로 이사를 하는 날도 큼지막한 게임 상자를 소중히 품에 안고 갔다. 반 친구들에게 무시를 당하고 집에 돌아와 아무도 없는 휑뎅그렁한 집에서 혼자 룰렛을 돌리고, 혼자 직업을 고르고, 혼자 억만장자가 되었다. 지금 돌이켜보면 가슴이 아플 만큼 처량했다.

둘만의 생활

하치조지마에서 처음 살았던 집은 월세가 5만 엔이었다. 1년 뒤 바로 옆에 있는 월세 2만 엔짜리 집으로 이사했다. 처음에는 일할 곳도 구하지 못해 생활이 빠듯했다. 얼마 뒤 엄마는 초밥집과 고깃집에서 아르바이트를 시작했

하치조지마로 이사한 뒤 섬 안에서 두 번 이사했다.
이 집은 바닥도 꺼지지 않고 가장 멀쩡했던 집.

다. 밤에도 엄마는 집에 거의 없어서 혼자 묵묵히 텔레비전을 보는 시간만 늘었다. 집에 와도 아무도 없는 생활은 바다 건너 아열대 지방으로 이사한 것보다 더 큰 변화였다.

침몰하우스에는 늘 많은 어른이 집에 있었다. 돌봄을 하려고 온 사람만 있는 것도 아니었다. 아이와 소통할 여유가 없는 사람도 있었다. 나는 그 자리에서 누가 나를 항상 상대해주기를 바라지도 않았다. 좋아하는 사람도 불편한 사람도 있었다. 평소에는 잘 놀아주지만 오늘은 여유가 없어 보이는 사람, 어떻게 대해야 할지 몰라서 조금 거리를 두고 싶은 사람, 반대로 나는 혼자서 애니메이션을 보고 싶은데 그걸 모르고 말을 걸어오는 사람 등등 다양했다.

집 안에 있던 목소리와 냄새, 웃음과 눈물. 그러한 것들로부터 나는 침몰하우스에 있다고 느꼈는지도 모른다. '또 토하고 있네', '혼자서 무슨 생각을 하는 걸까', '발 냄새 나'라는 식으로. 그곳에는 결코 나를 향하지 않는 어른들의 기막히고 놀랍고 재밌는 일이 있어서 내가 이곳에 있음을 실감했다.

침몰가족을 통해 세상에는 다양한 사람이 있다는 사실을 배웠다. 동시에 그 안에서 무엇을 선택할지 요구받았던 것 같기도 하다. 그래서 늘 선택하는 내가 있었다. 날뛰고 자기 의사를 관철하기 위해 악을 썼지만, 그것도 선택할 수 있는 내가 있었기 때문이다. 하지만 하치조지마에서의 생활은 그렇지 않았다. 엄마와 둘이 지내는 집에서는 도망칠 곳도 없고 가치관도 하나뿐이었다. 엄마에게 혼나도 다른 사람에게 가면 응석을 받아주는 침몰하우스와는 달랐다. 어쩌면 이것은 많은 모자 가정에서 공통으로 느끼는 고민일지도 모른다.

엄마와 둘이 살면서 나 '자신'의 선택은 필요하지 않게 되었다. 엄마 말을 듣기만 하면 되는 식으로 점차 달라졌다. 함께 살았던 어른들을 촬영하러 갈 때, 그들이 지금의 나를 어떻게 생각할지 긴장되었다. 영화에는 빠졌지만, 자주 나와 놀아주던 안초 씨의 집을 찾아가 술을 마시며 진행한 인터뷰에서 그가 말했다.

"너는 말이야, 그런 환경에서 자란 괴짜계의 금수저인데 평범하게 커버렸네. 그러면 안 돼."

물론 농담 섞인 말이기는 했지만 나는 억울했다. 그 밖에도 차분한 모범생 같다는 말도 들었다. 기억 저편에 있는 폭군 쓰치는 하치조지마로 이사한 뒤 사라진 것 같았다. '괴짜계의 금수저'라는 혈통은 엄마와 둘이 사는 동안 끊어지고 만 것일까.

하치조지마에서의 생활이 시작되고 반년쯤 흘렀을 무렵, 따돌림은 서서히 수그러들었다. 나로서는 다시 떠올리고 싶지도 않은 일이라 따돌림이 수그러든 이유가 무엇인지 기억도 나지 않는다. 학교에서 돌아오면 늘 집에서 인생게임을 하던 내가 어느 날 같이 축구를 하자는 친구의 부름에 "축구 하러 갔다 올게"라고 쪽지를 남기고 나갔다. 처음으로 친구와 설레는 마음으로 놀고 집에 왔더니 엄마가 무척 기뻐했다. 왕따를 당한다고 말하지는 않았지만 엄마도 내심 걱정했던 모양이다. 집에 돌아왔을 때 내가 없던 적이 처음이어서 기뻐했던 것 같다. 그날 이후로 나는 친구들과 함께 놀기 시작했다.

다른 광경

'섬에 사는 아이'라고 하면 사람들은 무엇을 떠올릴까? 하치조지마에 살았다고 말하면 아이들이 바다에서 헤엄치거나 반소매에 반바지를 입고 벌레를 잡으러 뛰어다니며 콧물을 흘리는 이미지를 떠올리는 사람이 많은 것 같다.

하치조지마는 대자연에 둘러싸인 곳이지만, 사실 집 안에 있기를 좋아하는 아이도 많다. 인터넷이 연결되어 있고 게임기도 인터넷으로 살 수 있다. 나도 실내에서 놀 때가 많았다. 엄마는 게임기를 사줄 여유도 없거니와 게임을 하면 바보가 된다고 생각했다. 그래서 나는 학교가 끝나면 친구 집에 자주 갔다. 히가시나카노에서는 학교가 끝나면 방과 후 교실에서 만화를 읽거나 피구를 했다. 친구 집에 놀러 간 건 그때가 처음이었다.

내가 자주 가던 친구네는 단독주택이었는데, 부모님이 모두 공무원이어서 낮부터 저녁까지 집에 아이들만 있었다. 친구는 열쇠를 들고 다녔다. 집에는 늘 식은 밥이 놓여 있고 과자가 채워져 있었다. 그 집은 언제나 조용해서 마치 세상에 나와 친구만 있는 것처럼 느껴졌다. 침몰하우스와는 전혀 다른 광경이었다. 침몰하우스는 집에 오면 평일 낮에도 어른들이 거실에서 자고 있었다. 화장실은 언제나 지저분하고 술안주는 있지만 과자는 거의 보이지 않았다. 어쩌면 내가 살던 장소는 아주 특이한 곳일지도 모른다고 깨달은 건 이맘때였다. 여덟 살의 나는 그 사실에 충격을 받기보다 불쑥 깨달았다.

히가시나카노에 있던 시절에도 침몰가족과 사회가 이어지는 일이 많이 있었다. 보육원에 엄마가 데리러 오지 못하면 다른 어른들이 대신 올 때도 많았다. 엄마와 보육원 선생님이 쓰던 연락 노트에도 다른 집에는 없을 법한 내용이 적혀 있었다. "오늘은 머리가 긴 이노우에가 마중을 갑니다", "오늘은 바타유가 갑니다", "동거인과 이즈에 가야 해서 하루 쉬겠습니다" 등등. 친구들은 '엄마', '아빠'라고 부르는 사람이 데리러 오는데, 나는 누구 하나 양복 입지 않은 어른들이 번갈아 데리러 오는 것을 어떻게 생각했을까. 기억나지 않는다. 그래도 연락 노트에는 "쓰치네는 사람이 많아서 재밌겠다"라는 친구들의 말을 듣고 내가 "응, 재미있어"라고 대답한 일이 적혀 있었다.

염소를 차에 데려가려고 하는 엄마.
매일의 일상이다.

대여섯 살 무렵의 나는 우리 집이 남들과 조금 다르다는 것을 특별히 신경 쓰지 않았다. 오히려 응석을 받아줄 사람이 많은 것을 자랑처럼 여겼다. 운동회에서 부모님과 함께하는 줄다리기를 하면 내가 속한 팀은 '부모'가 다섯 명, 열 명이든 있어서 막강했다. 돗자리를 깔고 자리를 잡을 때도 단체로 꽃구경을 왔나 싶을 정도로 북적여서 절로 우쭐해지기도 했다. 하지만 아이의 마음은 금세 변해간다.

과잉 적응

내가 다음으로 맞닥뜨린 것은 초등학교라는 사회였다. 일어섯, 차렷, 경례. 물건을 빠트리면 안 된다. 숙제는 다음 날까지 한다. 잘하면 칭찬받고 못하면 혼난다. 규율과 집단성이 요구되는 초등학교 생활은 당황의 연속이었다.

침몰하우스에서 펼쳐지던 생활은 '규율'과 거리가 멀었다. 아침에 일어나면 거실에서 어른이 내 책가방을 베개 삼아 자고 있었다. 아이인 내가 보기에 집 안에 '침몰'해 있는 어른들의 모습은 평소와 다를 바 없는 광경이었다(육아 노트에는 침몰하우스에 놀러 오는 사람들을 가리켜 '침몰객'이라고 쓰여 있다). 나는 어른이 베고 있는 책가방을 끄집어내서 학교에 갔다.

너무나도 다른 두 환경을 오고 간 나는 반에서 초특급 모범생이 되었다. 선생님이 알림장에 "학부모님이 훌륭하게 잘 키우셨네요"라고 적기도 했다. 물론 부모님과는 상관없었다. 집에 돌아가면 나는 제일 먼저 숙제를 했다. 다음 날 준비물을 빠트리지 않도록 "쓰치에게 내일 리코더를 가지고 가야 해. 쓰치가"라고 쓴 편지도 사진에 남아 있다. 다음 날 졸리지 않게 잘 시간도 스스로 정했고, 잠 잘 시간에서 거꾸로 계산해 5분 단위로 화장실 가기, 양치 시간도 스스로 정했다. 병적일 정도로 계획적이라 무서워진다. 당시 무엇이 나를 그렇게 만들었을까?

되돌아보면 그건 타고난 내 성격이 아니라 침몰하우스와 학교를 오간 생활이 만든 것 같다. 아이인 나에게 학교는 처음으로 규율이 요구된 장소였다. 학교에 과잉 적응을 하려고 했던 셈이다. 또 그것은 어딘가에서 비뚤어짐도 낳았다.

닭장

엄마와 나는 히가시나카노에 살 때부터 자주 둘이서 여행을 떠났다. 텐트를 짊어지고 히치하이킹으로 오키나와에 간 적도 있었다. 내가 보육원 상급반 시절에는 인도를 한 달간 여행했다. 대학생이 되고 혼자 인도에 가서 그때와 똑같은 루트로 돌아보았다. 여행 내내 말썽이 끊이질 않아서 '이런 곳에 애를 데리고 왔다니 있을 수 없는 일이야'라고 생각했지만, 엄마는 아이를 데리고 있어서 오히려 사람들이 친절하게 대해주었다고 말했다.

여행을 좋아하는 엄마를 따라서 초등학교 2학년 여름방학에는 둘이서 야쿠시마섬에 놀러 갔다. 2학기 개학식이 다가오고 있었지만, 엄마가 여행을 끝내려 하지 않아서 결국 히가시나카노에 돌아온 건 9월 초였다. 그때부터 한 동안 나는 학교에 가지 못했다. 개학식에 학교를 빠진 것이 창피했기 때문이다. 열흘이나 늦게 등교하려니 너무나 주눅이 들었다. 히가시나카노의 학교에서는 친구도 많고, 학급의 중심이었기에 더 친구들의 얼굴을 마주할 수 없었다. 선생님도 학교에 오지 않는 나를 이상하게 생각하는 게 당연했다. 결국 나는 한 달간 학교에 가지 못했다. 다만 나는 그때도 침몰가족에서 자란 것을 약점으로 느끼지는 않았다. 집에는 변함없이 내가 좋아하는 사람들이 있었다. 침몰가족을 부정하는 것은 그 사람들을 부정하는 기분이 들었다.

히가시나카노에 있을 때는 그곳의 환경이 특이하다고 생각하지 않았다. 이런 집에서 자라는 아이는 다른 곳에도 있으려니 했고, 다들 집과 학교를 오가느라 힘들겠다고 생각했다. 하치조지마의 친구 집에 놀러 가서 처음으로 침몰가족이 평범하지 않다는 사실을 깨달았다. 왠지 지금까지 겪은 일들을 모두 앞뒤 연결해가며 정답을 맞추는 느낌이었다.

하치조지마에서 엄마와 둘이서 사는 것이 보통의 생활이라고 생각하니 왠지 모든 것을 체념하는 기분이었다. 그래서 엄마에게 혼났을 때 집 안에 응석을 받아줄 사람이 없어도 괴롭지 않았다. 무엇보다 엄마와 하치조지마에서 사는 생활은 여덟 살의 섬세한 감정을 날려버릴 정도로 자극이 넘쳐났다. 일요일이면 둘이서 낚시를 하러 나가서 올린 성과가 그대로 저녁 식사의 충실함으로 이어졌다. 또 폐허가 된 호텔 안에서 만화책을 들고나왔다가 경찰에게 주의를 받은 적도 있었다.

이사한 집은 낡아빠진 데다 이전까지 유흥업소로 쓰이던 곳이었다. 마룻바닥 절반이 흰개미가 갉아 먹어서 뻥 뚫려 있었다. 엄마는 이 집이야말로 진정한 침몰하우스라며 깔깔 웃음을 터뜨렸다. 천장도 구멍이 여기저기 뚫려 있어서 고양이가 밤중에 떨어지는 일이 부지기수였다. 닭을 키웠는데, 닭들이 대문과 현관을 거쳐 집 안까지 들어와 여기저기 똥을 싸고 다녔다. 처음에는 요리조리 똥을 밟지 않도록 피해 다녔지만, 얼마 지나자 닭이 내가 사는 집에 들어온 건지 내가 닭장에 들어온 건지 분간이 안 될 정도라 그마저도 포기했다. 아침에 일어나다가 머리맡에서 닭이 알을 낳는 장면을 목격한 충격은 지금도 잊을 수 없다.

태풍으로 욕실 지붕이 날아가 마당에 떨어졌을 때는 한 달간 노천탕을 즐겼다. 원래 유흥업소였던 곳이라 욕조가 하트 모양이었다. 연비를 절약하려고 했는지 절반을 콘크

리트로 막아 놓았던 기억이 난다. '유흥업소'라는 말을 몰랐던 여덟 살의 나는 "무슨 욕조가 이렇게 들어가기 힘들어"라며 늘 투덜거렸다. 하지조지마에서 엄마와 겪은 에피소드를 말하자면 끝이 없다. 질풍노도와 같은 나날을 보내는 동안 침몰가족은 점점 기억의 저편으로 사라졌다. 기댈 수 있는 사람은 엄마뿐이었는데, 그 한 사람이 좌우간 별났다. 언제나 긍정적으로 상황을 즐기던 엄마에게 나는 왠지 모르게 안도감을 느꼈다.

나는 고등학교를 졸업할 때까지 엄마와 생활했다. 엄마는 방과 후 교실 선생님을 하거나 가정방문 요양사로서 노인을 돌보며 사람들을 만나는 일을 시작했다. 물론 나이를 먹으면서 나에게도 사춘기는 있었다. 공연히 짜증이 나서 엄마에게 화풀이를 하기도 했고 영화에서나 볼 법한 가난에 신물이 난 적도 있었다. 그래도 내 가정환경을 친구들과 비교하고 부끄럽게 여겼던 적은 별로 없었다. 섬이라는 환경은 보수적일 것이라고 생각하기 쉽지만, 가족에 관해서는 외국에 연고가 있거나 모자 가정·부자 가정인 친구들도 꽤 있어서 '사연 있는' 집들이 적지 않았던 것 같다.

엄마는 청소를 안 해서 친구를 집에 부르면 창피하다고 말했지만, 나는 대수롭게 여기지 않았다. 폐허를 탐험하는 느낌이었는지 친구들은 자주 우리 집에 놀러 왔고, 마당에서 닭을 잡을 때 유리창에 피가 튄 것을 다 같이 보며 한껏 흥분한 기억도 있다. 처음에는 따돌림을 당했지만, 친구들은 머지않아 별난 우리 집을 그대로 받아들였다.

침몰하우스의 주민인 후지에다 씨가 찍은 영상에 초등학교 5, 6학년 무렵의 내가 있다. 아마 엄마와 함께 침몰하우스에 놀러 갔을 때인 듯하다. 거실에서 어른들이 "많이 컸네"라며 말하자 샤이 보이였던 나는 수줍어서 제대로 말하지 못했다.

'이 장소는 더는 내가 돌아갈 곳이 아니다.' 당시의 나는 그렇게 생각했던 것 같다. 사실 이 시기에 침몰하우스에 갔던 일조차 기억나지 않았다. 초중고 시절에는 축구에 흠뻑 빠져 지냈고, 누군가를 좋아했다가 실연을 되풀이하는 동안 침몰가족의 기억은 점점 희미해졌다.

어기여차 엄마

하치조지마에서는 고등학교를 졸업하면 대부분 도쿄로 간다. 3월이 되면 하나둘씩 비행기를 타고 섬을 떠나서 몹시 쓸쓸했다. 내가 섬을 떠날 때도 새로운 생활에 대한 기대보다 이 섬에서 계속 친구들과 놀고 싶다는 마음이 더 컸다.

지금의 나에게 하치조지마는 고향과 다를 바 없는 곳이다. 깊은 우정을 나눈 친구들이 있고, 온천과 소주, 맑은 바다는 더없이 소중하다. 「침몰가족」 극장판에서 음악을 만들어준 밴드 'MONO NO AWARE'의 보컬 다마오키 슈케이와 기타리스트 가토 세이준은 고등학교 1년 선배였다. 엄마에게 말려들어 섬에 오지 않았다면 그들과 만날 일도 없었다.

슈케이는 솔로 명의로 영화 삽입곡을 만들어주었다. 그중 하나가 「어기여차 엄마」라는 곡이다. 영화에서는 배를 타고 도쿄만을 떠나는 장면에서 이 노래를 넣었다. 나의 불안과 엄마의 설레는 마음을 싣고 하치조지마를 향해 두둥실 떠내려가는 상황을 곡으로 써달라고 부탁했다.

나는 돌아갈 수 있을까 돌아갈 수 있을까 나의 집으로
당신은 어디로 가는 걸까 어디로 가는 걸까 둥실둥실
밤바람이 차가워 당신은 별을 보네 부디 이대로 있어
줘 정다운 두 사람
나는 잊을 수 있을까 잊을 리 없지 그날을 이날을
당신은 어디로 가는 걸까 또 가는 걸까 어기여차 어디로 처음 노래를 듣자마자 마음에 쏙 들었다. 침몰하우스를 떠나는 쓸쓸함과 엄마를 따라갈 수밖에 없는 나의 심정. 그것을 외면하고 새로운 땅으로 기대를 안고 나아가는 엄마의 마음이 느긋한 멜로디와 어우러져 잘 나타나 있었다.

엄마에게 처음 영화를 보여준 뒤 뜻밖의 이야기를 들었다. MONO NO AWARE가 하치조지마에서 라이브를 했

고등학교 졸업 후 섬을 떠나던 날 집 앞에서.
축구에 빠져 지냈기 때문에 지금보다 20킬로그램 정도 말랐다. 멋지다.

을 때 엄마도 보러 갔다. 공연이 끝난 뒤 엄마는 슈케이와 영화 속 삽입곡 이야기를 하다가 "어떻게 당시 내 마음을 이해했어? 나도 하치조지마에 가면서 엄청 불안했거든"이라고 말했다고 한다. 이 이야기를 슈케이에게 듣고 깜짝 놀랐다. 내게 엄마는 언제나 두려움을 모르는 강한 사람이었기 때문이다. 섬에 갈 때도, 이사한 뒤에도 엄마는 언제나 밝았다. 하지만 그게 아니었다. 영화에서 엄마는 하치조지마로 떠나던 순간을 회상하면서 이렇게 말한다.

- 살았는지 죽었는지 모른 채 사는 것도 힘들잖아요. 뭐, 나 자신의 희망을 이어가기 위해서 이사한 거예요. 살아가기 위해서. 그렇게라도 하지 않으면 견딜 수가 없다고 해야 하나. 뭐랄까, 발붙일 곳이 없으면 사는 것 자체가 점점 괴로워지니까요.

나는 엄마가 하치조지마로 가면서 불안을 느낀 줄 몰랐다. 엄마의 불안을 알아차리지 못한 내가 한심했고, 그 마음을 자기도 모르게 자연스레 곡에 담아낸 슈케이에게 분하기도 했다. 우리가 하치조지마로 이사 가기 전 마지막으로 발행된 무료 소식지에는 엄마의 인터뷰가 실려 있다.

하치조지마. 어기여차, 뜻밖의 표주박 섬으로[1960년대 NHK에서 방영된 인형극 제목] 떠나 4월부터 삽니다. 아직 그다지 실감은 나지 않지만, 아무튼 마음은 후련해요. 최근 반년 정도 이사에 관해 이것저것 생각하고 움직였지만, 이런저런 문제가 생겨 결정할 수 없었죠. 그러다가 머릿속에서 소용돌이가 일어났어요. 그 소용돌이가 여러 가지 것을 튕겨내기도 하고 끌어들이기도 하면서 점점 커지더니 어느 날 원심력에 의해 '하치조지마'로 마음이 뿅 하고 날아갔어요. 생각지도 못한 일이었죠.
얼마 전 쓰치랑 함께 하치조지마에 이사 갈 집에서 잤어요. 모두가 도와줘서 컨테이너 화물은 이미 섬으로 보냈고요. 이제 여기서 사는구나, 라는 실감도 나기 시작하네요. 글쎄요. 숨이 턱 하고 막히는 불안이 바람처럼 훅 불어올 때도 있지만, 하치조지마에 가기로 정한 이후로 점점 기대도 되고 끝없이 펼쳐진 수평선처럼 넓은 갑판 위에 선 듯 두근거려요.

교토의 국제 영화제에서 졸업 과제 버전 영화를 상영했을 때 일이다. 러시아인 여성 감독은 엄마를 아주 굳센 사람 같다고 말했다. 나도 그렇게 생각했다. 하지만 엄마가 마음속으로 불안했다는 사실을 알고 나니 훨씬 가깝게 느껴졌다. '살아 있다는 느낌'에 대해 줄곧 진지하게 생각했던 엄마의 고뇌와 갈등이 특별한 것이 아니라 내가 느꼈던 감정과 크게 다르지 않음을 깨달았기 때문이다.

6장 아버지 야마 씨(배 나온 20대)

히가시나카노의 침몰가족을 떠나 하치조지마로 이사해 고등학교를 졸업하기까지 나는 줄곧 엄마와 살았다. 그 안에는 아버지와 보낸 시간도 있다. 지금도 그가 아버지라는 생각이 들지는 않지만, 나에게 언제나 '특별한' 아저씨였다. 나는 어렸을 때부터 아버지를 '야마 씨'라고 불렀다.

야마 씨는 침몰가족 바깥에 있었다. 그에 관한 이야기를 하면 침몰가족이 어떤 것인지 더욱 잘 이해할 수 있을 듯한 기분이 들었다. 영화에서도 야마 씨를 만나러 간 장면이 가장 인상적이었다는 관객들이 꽤 많았다.

침몰가족의 바깥에서

야마 씨 즉 나의 아버지 야마무라 가쓰요시는 1970년 미에현에서 태어났다. 엄마보다 두 살 많다. 아버지, 어머니, 남동생과 함께 살다가 초등학교 5학년 때 소송 끝에 부모님이 갈라섰다. 그는 지금도 가정법원에 갔던 일을 또렷이 기억했다. 이후 그는 할머니와 어머니 밑에서 자랐다. 야마 씨는 중학교 시절부터 사진, 영화, 예술에 관심이 많아 도쿄에 가고 싶어 했다. 하라 가즈오 감독의 영화를 보러 (엄마도 좋아했다) 고등학교 시절 야간열차를 타고 일부러 도쿄까지 갔다고 했다. 내가 초등학생이었을 무렵 야마 씨의 본가에 몇 번 간 적이 있다. 외할머니 집에 갔을 때와 마찬가지로 무척 예뻐해주셨다. 세뱃돈 액수가 너무 커서 대체 뭐 하시는 분인가 하고 놀랐다. 야마 씨의 어머니는 임대업과 술집을 운영했다.

야마 씨는 고등학교를 졸업한 뒤 대학을 중퇴했다. 사진전문학교에 입학해 엄마를 만났다. 캠퍼스 근처에 구한 집에 엄마는 자주 놀러 왔다. 야마 씨의 지저분한 자취방에 엄마가 제멋대로 와서 자는 일도 많았다고 한다. 마침내 두 사람은 가마쿠라로 이사해 내가 태어났다. 가마쿠라에서 세 사람은 함께 살았지만, 내가 생후 8개월 때 엄마와 나만 히가시나카노로 옮겼다. 야마 씨는 그 후에도 가마쿠라에서 혼자 살다가 얼마 뒤 주오선 전철이 다니는 오기쿠보로 이사했다. 그는 주로 장애인을 돌보는 일을 했다.

가마쿠라에서의 생활을 돌아보기 위해 엄마와 나는 셋이 함께 살던 집을 찾아갔다. 엄마는 촬영을 귀찮아하면서도 특급열차 안에서 평소처럼 술을 벌컥벌컥 마시며 나들이를 즐거워했다. 에노시마 전철, 집 근처의 유이가하마 해변, 쓰루오카하치만구 신사, 돌보미 모집 전단을 처음 나눠준 가마쿠라역 앞, 옛날에 자주 갔던 오코노미야키 가게. 영락없는 데이트 코스지만, 아들이 엄마를 향해 카메라를

가마쿠라에서. 야마 씨와 나.

집은 에노시마 전철 와다즈카역 바로 근처였다. 집 근처에 있는 건널목에서.
촬영이 손에 익지 않아서 삼각대와 카메라만 둔 채 일단 나란히 서봤다.

들고 따라다니는 이상한 데이트였다.

　가마쿠라에 살던 시절의 이야기는 모르는 것 투성이었다. 엄마는 그리운 듯이 바다가 있는 곳에서 살고 싶었다고 말했다. 하치조지마에 간 이유도 그 때문인 것 같았다. 가마쿠라에 살던 시절을 회상하는 건 야마 씨와의 추억을 돌이켜보는 일이기도 했다. 야마 씨 이야기를 할 때는 왠지 불편해 보였다.

　나는 당초 침몰가족을 주제로 대학 졸업 과제를 만들

생각이었다. 내 전공이 사회학부이기도 하고, 당시 돌보미들에게 공동육아의 새로운 형태로서 침몰가족이 어떻게 기능했는지 청취 조사로 정리해 제출하려고 했다. 그래서 야마 씨를 촬영할 생각은 하지 않았다. 다만 침몰가족의 풍부한 세계를 접하면서 여기에 속하지 않았던 사람은 그 세계를 어떻게 바라봤을지 궁금해졌다. 두 사람의 관계가 나빠진 것도 침몰가족이 시작된 계기의 하나였다. 때문에 작품 안에서 야마 씨를 그려야 했다.

엄마가 스스로 야마 씨 이야기를 꺼낸 적은 없었다. 엄마는 야마 씨를 싫어했고 신뢰하지 않았다. 그래서 나는 야마 씨 이야기를 할 때면 늘 긴장했다.

엄마, 야마 씨에 대해 말하다

회와 작은 병에 든 간장, 맥주를 사서 공원으로 갔다. 재잘재잘 노는 아이들의 목소리가 들려오는 평화로운 공원의 오후였다. 우리는 담배를 함께 피우며 침몰가족을 그리워했다. 나는 이대로 끝내선 안 된다고 마음을 다잡고 야마 씨 이야기를 꺼냈다.

- 가마쿠라에서 잠깐이지만, 야마 씨랑 함께 살았잖아.

- 응.
- 지금 돌이켜보면 어때? 즐거웠어?
- 별로 즐겁지 않았어. 즐거웠다면 계속 같이 살았겠지. …… 나를 존중해주는 느낌도 전혀 없었고, 오히려 부정하는 일이 더 많았던 것 같아. 마치 데이트 폭력처럼 '내가 너를 이만큼 생각하는데'라는 사고회로라고 할까. 지금은 모르겠지만.

영화에는 넣지 않았지만, 엄마는 이렇게도 말했다.

- 둘이서 야마 씨 이야기는 별로 한 적이 없네.
- 응. 일부러 그랬어. 내가 그 사람 이야기를 하면 분명히 험담이 될 테니까. 그래도 일방적으로 내 얘기만 하는 건 공평하지 않다고 생각했어. 그래서 지금 네가 물어보니까 이 정도만 말하는 거야.

엄마는 지금껏 말하지 않았던 이야기를 꺼내서 조금 마음이 편안해진 것처럼 보였다. 엄마가 나를 한 인간으로서 바라보고 있다는 것이 느껴졌다. 다만 내가 먼저 물어봤지만 이상하게도 마음이 몹시 어수선했다. 신뢰하는 사람이 안 좋은 소리를 듣는 게 너무 싫었다. 히가시나카노로 온 이후에도 두 사람은 주말에 내가 야마 씨의 집에 가기로 정했다.

- 싫은 사람이니까 만나지 못하게 하고 싶지는 않았어? 좋은 감정이 없는 사람이면 못 만나게 하고 싶었을 것 같은데.
- 물론 그랬지.

근처에서 산 간장, 발포주, 회를 즈시에 있는 공원에서 먹으며.
이 인터뷰는 영화 안에서도 아주 중요한 장면이었다.

- 그렇구나. 왜? 안 좋은 영향을 미칠 것 같아서?
- 좋지 않다고 해야 할지, 역시 내겐 좋은 감정이 없는 사람이니까. 어른이라면 별 상관없지만 아이는 누군가 보살피는 사람이 있어야 하는데, 말하자면 기본적으로 어린애를 그런 사람한테 맡기는 건 좀 그렇지.
- 싫었어?
- 그다지 내키지는 않았어.
- 하지만 만날 권리는 인정한 거잖아?
- 응. 그건 이야기를 했지. 만나는 것까지 거부할 수는 없었어. 아무리 내가 싫다고 해도 그 사람한테도 네가 자식인 건 사실이니까.

두 개의 세계

매주 금요일 저녁과 일요일 저녁 히가시나카노역 동쪽 개찰구는 나에게 세계가 바뀌는 신성한 장소였다. 금요일 저녁이면 야마 씨는 오기쿠보에서 히가시나카노까지 나를 데리러 왔고 엄마는 침몰하우스에서 히가시나카노역까지 나를 데려다주었다. 주말을 보내고 일요일 저녁이면 나는 침몰하우스로 다시 돌아왔다.

나를 데려다줄 때 엄마는 언제나 기분이 안 좋았고, 야마 씨도 말수가 적었다. 고작해야 10분 정도인 그 짧은 시간이 나는 정말 싫었다. 침몰하우스에서 사람들과 술을 마시며 즐거워하던 엄마와는 전혀 달랐다. 말과 행동 하나하나에서 불쾌하다는 감정을 드러냈다. 나는 그런 모습을 보고 싶지 않았다. 야마 씨도 평소와는 달랐다.

대화가 어려워진 두 사람은 교환 일기를 썼다. 처음에는 텅 빈 바인더에 노트를 끼워 각각 평일과 주말에 내 주위에서 일어났던 일, 갔던 곳, 연락 사항 등을 써 나갔다. 글 외에도 각자 폴라로이드 카메라로 그때 있던 일을 찍어 노트에 붙였다. 교환 일기는 엄마와 야마 씨의 포토 에세이처럼 되었다. 두툼한 바인더를 다시 살펴보니 평일에 침몰가족에서 보내는 생활과 주말에 야마 씨와 보내는 생활의 차이를 실감했다.

호코 - 1월 10일 금요일
침몰에서 붓글씨 대회. 처음부터 아무렇게나 쓰는 쓰치. 최고 걸작은? 하고 물었더니 "요괴". 나는 '미즈키 시게루 선생님'이 신경 쓰인다.

야마 - 1월 12일 일요일

> 집 안이 지저분함. 이번 달은 정리 정돈을 하겠다고 쓰치에게 말하니 "아~"라며 영혼 없는 대답. 이번에는 우선 옷 정리. 쓰치의 몸에 옷을 대보고 "그래, 이건 OK", "이건 이제 못 입겠네"라며 분류한다.

주말에 야마 씨는 나를 여기저기에 데리고 가주었다. 특히 자전거를 함께 타고 '라퓨타아사가야'라는 영화관에 자주 갔다. 그곳에서 쓰부라야 에이지의 공상 영화 시리즈를 봤다. 「가스 인간 제1호」나 「요성 고라스」 같은 어른 취향의 영화들만 봤다. 종이비행기 대회에서 우승했을 때의 일도 또렷이 기억한다. 내가 좋아하는 미즈키 시게루의 만화책을 사준 사람도 야마 씨였다.

아사쿠사에서 심야 영화로 고질라를 보러 갔을 때는 연령 제한 때문에 스태프가 나를 막았지만, 야마 씨가 막차가 없다고 둘러대며 억지로 나를 끌고 들어간 적도 있었다. 아이임에도 아니 아이였기에 어른이 어른에게 달려드는 모습을 보고 조마조마했다. 나는 속으로 겁이 나서 '그렇게 무리 안 해도 돼. 집에 그만 가자'라고 생각했다. 무사히 몰래 들어가는 데 성공하자 야마 씨는 나를 보고 "해냈다"라며 히죽히죽 웃었다. 야마 씨의 노력이 무색하게도 두 번째

영화인 「고질라의 역습」 중간에 나는 잠들어버렸지만, 이 영화를 나에게 보여주고 싶다는 열의에 가득 찬 야마 씨의 얼굴은 기억하고 있다. 나중에 야마 씨가 하라 가즈오나 모리 다쓰야를 알려주어서 다큐멘터리에 관심이 생겼다. 나는 어릴 적부터 야마 씨의 추천에 믿음이 갔다.

침몰하우스에서는 언제나 일찍 잤지만, 오기쿠보의 야마 씨 집에서는 새벽 두세 시 정도까지 깨어 있었다. 밤에는 좁은 원룸에서 나란히 누워 평소에 보지 않던 텔레비전 프로그램을 함께 보며 두근거리는 시간을 보냈다. 야마 씨는 매번 난생처음 보는 세계로 나를 데려갔다. 어쩌면 침몰 가족에 지고 싶지 않다는 마음이 야마 씨에게 있었을지도 모른다. 하지만 히가시나카노역 개찰구에 오면 야마 씨의 미소는 사라지고 엄마 말을 신경 쓰며 안절부절했다. 두 사람의 평소와 다른 모습을 보고 싶지 않았던 나는 전철 타는 법을 빨리 익혀서 언제부턴가 혼자서 오기쿠보와 히가시나카노를 오갔다.

야마 씨와 있는 세계도, 침몰하우스에서의 세계도 모두 즐거웠다. 히가시나카노와 오기쿠보는 소부선 전철로 10분도 걸리지 않는 거리였지만, 그 두 개의 세계는 나에게는 완전히 다른 곳이었다. 야마 씨와 맥도날드에서 햄버거를 먹은 뒤 해피세트 장난감을 들고 집에 가면 엄마는 또 몸에 안 좋은 걸 먹고 왔느냐며 언짢아했다. 패스트푸드는 침몰하우스에서 먹지 못하는 자극적이고 맛있는 음식이었기 때문에 나는 어느샌가 맥도날드에 다녀온 사실을 엄마에게 숨기게 되었다. 지금은 사소한 일로 다투던 두 사람이 재밌어서 웃음도 나지만, 당시의 나는 그 자리에 함께 있기가 괴로웠다.

야마 씨와 엄마, 나.
야마 씨가 늘 촬영을 했기 때문에 셋이 같이 찍은 사진이 별로 없다.

재밌는 이야기를 하나 하자면, 많은 관객이 영화에서 최고로 꼽는 장면이 있다. 내가 세 살 무렵 엄마와 야마 씨는 침몰하우스 옥상에서 복싱 대결을 했다. 엄마가 야마 씨에게 대결을 신청했던 것이다. LOVE BATTLE이라고 적힌 편지에는 "당신이 하는 말은 무슨 소린지도 모르겠고, 대화도 제대로 안 통합니다. 한판 붙읍시다"라고 쓰여 있었다. 그리하여 옥상에 링이 만들어졌고, 각자 글로브를 끼고 정해진 규칙에 따라 두 사람의 복싱 대결이 벌어졌다.

그날 찍었던 사진이 많이 남아 있다. 야마 씨는 땀에 흠뻑 젖어 진심으로 엄마의 얼굴에 펀치를 날려 엄마는 얼굴이 퉁퉁 부어 있다. 침몰하우스 주민들은 링 바깥에서 그 모습을 구경했다. 나는 사진에 나오지 않았지만, 세기의 대결을 목격했던 관객에 따르면 옥상 구석에서 말없이 내내 지켜보았다고 한다.

냉정하게 그 상황을 떠올리면 도저히 이해가 안 되지만, 과연 나는 그때 무슨 생각을 하고 있었을까. 아마도 두 사람이 다시 예전처럼 돌아갈 일은 없다고 확신했을 것 같다. 마음속으로 그렇게 체념했기에 나는 두 개의 세계를 오가며 헤쳐 나갔다.

야마 씨와 침몰가족 이야기를 한 적은 없었다. 전화를

침몰하우스 옥상에서 펼쳐진 엄마와 야마 씨의 복싱 대결.
이름하여 LOVE BATTLE.

좀처럼 걷지 못하다가 일주일 정도 지났을 무렵 겨우 메신저로 이야기했다. 졸업 과제로 침몰가족을 촬영하고 있고, 야마 씨도 촬영하고 싶다는 것, 단지 침몰가족을 홍보하는 영화로 만들고 싶지 않다는 뜻을 전했다. 야마 씨는 촬영을 흔쾌히 수락했다. 무엇보다 침몰가족에 관해 나와 허심탄회하게 이야기를 나눈 적이 없었으니 이참에 그 기회를 만들고 싶다고 말했다.

야마 씨를 향해 카메라를 들다

하치조지마로 이사한 뒤 야마 씨와 만날 기회는 점점 줄었다. 처음에는 두 달에 한 번 꼴로 야마 씨가 하치조지마에 오거나 내가 도쿄에 갔지만, 그 간격은 서서히 벌어졌다. 야마 씨가 하치조지마에 오면 엄마는 그를 피해 캠핑장에서 텐트를 치고 지냈다. 낡은 집에서 나는 야마 씨와 둘이 놀았지만, 그것도 내가 나이를 먹으면서 점점 줄어갔다.

야마 씨를 만나는 건 1년 반 만이었다. 그는 지금 고향인 미에현 나바리시에서 새로운 파트너와 살고 있다. 긴테쓰 특급열차를 타고 역에서 만나기로 약속했다. 개찰구에서 저 멀리 모히칸 헤어를 한 남자가 보였다. '설마 야마 씨는 아니겠지'라고 생각하면서도 카메라를 켜고 가까이 갔다. 그 남자가 이쪽을 향해 작게 손을 들었다. 아, 야마 씨다. 못 보던 사이에 야마 씨는 모히칸 헤어를 하고 있었다. 약 15년 전에 오기쿠보역 개찰구에서 만날 때와 비슷한 느낌이었다. 매주 주말의 일상이었던 오기쿠보역 개찰구에서의 만남은 대단한 사건은 아니었지만, 1년 반 만에 만나는 야마 씨였고 게다가 촬영할 때 반응은 의외였다. 마치 지금부터 15년 전 그때처럼 주말이 시작되는 것 같았다.

우리는 바로 술집으로 향했다. 감자샐러드와 치킨 등 내가 좋아하는 요리를 그가 주문해 함께 맥주를 마셨다. 오기쿠보의 작은 방에서 함께 놀던 시절과 변함없었다. 나는 조금 마음이 불편했다. 하지만 야마 씨는 태평하게 여기까지 오는 길이나 옛날에 내가 이곳에 왔을 때 이야기를 꺼냈다. 침몰가족과 엄마에 대해 물어볼 거라는 사실은 야마 씨도 알고 있었고, 나는 그 질문을 위해 줄곧 긴장한 상태로 이곳까지 왔다. 그런데 이야기가 점점 딴 길로 샜다. 제대로 말도 꺼내지 못하는 나에게 짜증이 났다.

야마 씨는 나에게 무언가를 알려주려고 하거나 자신의 이야기만 할 뿐이었다. 스물한 살이 된 내가 도쿄에서 어떻게 살고 있는지는 전혀 묻지 않았다. 어린아이였던 나는 이미 저 멀리 사라졌는데, 야마 씨는 아직도 나를 어린아이로 대하는 것 같았다. 웃고 있는 야마 씨의 이가 빠져 있었다. 그 모습을 카메라로 찍는 나는 이제 예전의 사랑스러운 아이가 아니었다. 일부러 맥주를 많이 마시고 어른스럽게 굴었다.

나는 마음대로 드나들 수 없어

사흘간 야마 씨와 함께 시간을 보냈다. 내가 머무는 동안 야마 씨의 파트너는 집을 떠나 있어서 집에는 둘뿐이었다. 와카야마의 바닷가를 드라이브하기도 하고, 돌고래로 유명한 다이지초에서 수영을 하기도 하고, 천천히 나치폭포까지 걷기도 했다. 재밌는 곳을 향해 성큼성큼 나아가는 두 사람은 예전 그대로였다. 나는 계속 카메라를 켜두고 있었다. 야마 씨의 사소한 말이나 자연스러운 행동 하나하나가 그의 매력을 보여주고, 아직 거리감을 조절하지 못한 나의 조바심을 드러낼 수 있다고 생각했다. 그래서 잠시도 카메라를 손에서 놓을 수 없었다. 아이와 어른의 관계로 대하기는 왠지 싫었다.

야마 씨에게 옛날 일에 대해 하나씩 이야기를 들을 수 있던 건 이틀째 날이었다. 차 안에서 운전석과 조수석에 나란히 앉았을 때였다. 그가 들려준 이야기는 엄마가 아니라 침몰가족에 대한 마음이었다.

"뭐랄까, 너네는 자유 참가지만 나는 아니야. 너네는 침몰에 마음대로 드나들 수 있지만 나는 그럴 수 없어. 너와의 관계는 줄곧 이어지지만."

"운동회에 가면 반드시 다른 누군가가 있었어. 으스대는 느낌으로 말이야. 나는 완전히 손님 같은 느낌이 들었어."

야마 씨가 침몰하우스에 왔던 기억은 나지 않는다. 그가 마음속 응어리를 가졌던 사람은 엄마뿐이고, 침몰가족의 어른들에게는 아무런 감정도 없다고 생각했다. 침몰가족 어른들에 따르면 야마 씨는 침몰하우스에서 엄마와 서로 물건을 내던질 정도로 크게 싸운 적이 있다고 한다. 몇 사람은 야마 씨와 개인적으로 이야기를 했던 모양이지만, 그런 일도 있어서 대부분 그와 사이가 멀어졌다.

마지막 날 밤 둘이서 이야기를 할 때도, 야마 씨는 카메라를 든 나에게 침몰가족에 대한 원망 섞인 마음을 모두 쏟아냈다.

"너도 확실히 걔네한테 물들었어!"

"나는 안 헤어지려고 노력했어. 내 나름대로 노력했다고. 방식은 서툴렀는지 몰라도."

야마 씨는 침실과 주방을 왔다 갔다 하면서 거친 말투로

야마 씨의 집에 있던 '단결' 붓글씨.
영화를 본 사람들 대다수는 옆 글씨를 '중년'으로 착각했지만, '신년(원숭이해)'이 맞다.

돌보미들을 향한 원망을 터뜨렸다. "물들었어!"라고 말하는 야마 씨에게 충격을 받고 흥분해버린 나도 강하게 맞받아쳤다.

"너는 어렸을 때 그런 식으로 말하지 않았어."

야마 씨가 작은 목소리로 우두커니 말했다. 내가 말을 할 수 있게 되면서 우리 두 사람은 어른과 아이가 아닌 어른과 어른의 관계가 되었음을 강하게 느꼈다. 아이와 어른의 관계일 때는 복잡하고 어색한 일은 모르는 척하고 즐거움만을 공유했다. 그런데 막상 어린 시절 이야기를 하니 몹시 괴로웠다. 침실과 주방 사이에 있는 야마 씨 방에 크게 '단결'이라고 쓴 종이가 붙어 있었다. 그 옆에는 '원숭이해 야마무라 가쓰요시'라고 작게 쓰여 있었다.

아버지를 잘 모르겠어

영화를 홍보할 때는 편의상 '아버지·야마 씨'라고 표기했다. 늘 위화감을 느끼지만, 야마 씨는 분명 생물학적으로 나의 아버지다.

"그렇게 배 나온 20대는 없는데……." 침실에 나란히 이불을 깔고 둘이서 누웠을 때 야마 씨가 말했다. 내 체형은 아무래도 그의 유전자를 물려받은 것 같았다. 나는 지금까지 야마 씨를 '특별한 아저씨'로만 생각했다. 침실에서 한바탕 말다툼을 하거나 차에서 털어놨던 그의 말이 아닌, 해변에서 함께한 평온한 시간이야말로 내가 그를 아버지라고 느끼는 순간이었다.

와카야마의 바다에 가서 함께 술을 마셨다. 티셔츠를 벗고 처진 몸매를 드러낸 야마 씨와 나는 맥주 캔을 따고 가게에서 포장해 온 회와 치킨을 먹었다. 대화는 별로 없었지만, 불편하지는 않았다. 바로 근처에서는 물놀이를 하러

치킨과 회와 작은 간장. 야마 씨는 하이볼, 나는 발포주.
야마 씨의 처진 배에 눈을 돌릴 수 없었다.

온 아이가 잔뜩 들떠 있었다. 세 모금을 마시고 나서 야마 씨가 "맛있다"라고 중얼거렸고, 나도 속으로 '맛있다'라고 생각했다. 야마 씨의 배를 보니 아, 나도 점점 이렇게 되는 건가 싶었다.

바닷가에서 묵묵히 맥주와 회, 치킨을 먹는 두 사람의 영상을 다시 보다가 재미있는 사실을 하나 발견했다. 가마쿠라에서 엄마에게 야마 씨 이야기를 했을 때 있던 150밀리리터 정도의 작은 간장 병이 그곳에도 있었다. 엄마와 야마 씨가 똑같은 간장을 산 것이 재미있었다.

잘 기억해보면 바닷가에서 야마 씨는 지미 헨드릭스가 그려진 티셔츠를 입었고, 가마쿠라를 터벅터벅 걷는 엄마는 짐 모리슨이 그려진 토트백을 들었다. 두 사람 모두 사진을 좋아하고 장애인을 대하는 일을 하고 있다. 혈연은 아니지만 두 사람의 여러 공통점을 깨닫고 나서야 '아, 나는 이런 두 사람 사이에서 태어났구나'라고 느꼈다. 대화를 나눌 때보다 훨씬 편안하게 두 사람과의 유대를 느꼈다.

침몰가족 시절, 후지TV의 다큐멘터리에 출연한 야마 씨는 "제대로 된 가족이 아닌 상태에서 아빠라고 부르게 할 수 없다"라고 말했다. 실제로 나는 그를 아빠라고 부른 적이 없고, 그 역시 아빠라고 부르게 한 적이 없었다. 그래서 나는 지금도 '아버지'라는 존재를 잘 알지 못한다. 육아 노트에도 '아버지'에 관해 재미있는 글이 적혀 있었다.

> 육아에 참여한 어떤 사람이 자신의 이름이 '아빠'라고 쓰치에게 말했습니다. (좀 심하지만) 농담 삼아 한 얘기였고, 좀처럼 경험하기 힘든 '아빠' 체험을 해보고 싶었다고 합니다. 그때 나는 "그건 곤란해요"라고 크게 반발했습니다. 하지만 이 '거센 반발'은 대체 뭘까요? 이건 다시 생각해볼 필요가 있을 듯합니다. 그러면 내 안에 자리한 '아빠'를 확인할

수 있겠죠.

호코는 싱글맘입니다. 그리고 쓰치는 아버지와 때때로 만나고 있습니다. '아빠'라고 하는 단어를 쓰는지는 알 수 없습니다만 (아마 안 쓰고 있을 테지만) 아빠=아버지라는 단순한 도식은 없을 것 같습니다.

아빠=?

'아빠'라는 단어를 무겁게 받아들이지 않는 것은 대단히 자연스러운 상태라고 생각합니다. 하지만 나는 오히려 '아빠'라는 단어는 피해야 하는 존재이며, 특별하게 여겼던 것입니다. '아빠'란 아빠 같은 사람이 불려야 한다고 말입니다. 사실 그런 사람은 존재하지 않는데 말이죠.

　많은 남자 어른이 보육원에 나를 데리러 왔고, 선생님은 누가 내 아버지인지 몰랐을 수도 있다. 돌봄에 참여해 함께 놀아준 시간으로 보면 야마 씨와 마찬가지로 그 자리에 있던 사람은 많았다. 하지만 나는 줄곧 '아버지'를 알지 못했다. 육아 노트에도 "아빠가 없어"라고 내가 말했던 일이 적혀 있었다.

　그것은 부정적인 감정이 아니라 네다섯 살의 내가 아주 소박하게 자신을 이야기하는 것 같았다. 지금도 그 감정은 변함없다. 나대로 말하자면 '아버지'는 없으며, 없는 것이 슬프지도 않다.

악역의 가족

MONO NO AWARE의 슈케이는 야마 씨의 장면에서도 솔로 삽입곡을 만들어주었다. 제목은 「악역의 가족」. 야마 씨의 장면을 촬영했던 때는 2016년 7월로 전체 촬영의 딱 절반이 지날 무렵이었다.

야마 씨의 촬영까지는 사회학부 졸업 과제로 연구 발표와 인터뷰 모음집 형태로 정리하려고 했다. 하지만 마지막 날 밤 침실에서 말다툼을 하던 영상을 다시 보고 엄청난 장면이 담겼음을 깨달았다.

"너네는 자유 참가지만 나는 아니야."

침몰가족 바깥에 있던 야마 씨의 이 말이, 침몰가족을 생각하는 단서가 될 것 같았다. 감독으로서 그 장면에서 느껴지는 박진감은 무척 만족스러웠다. 다만 어디까지나 아들이라는 입장에서 생각하면 그의 단호한 말 한마디 한마디가 몸 안에서 줄곧 소화되지 않은 채 계속 남아 있었다. 영상을 몇 번이나 다시 보아도 역시 마음이 불편했다. 나와 가까운 사람들이 비난당하는 슬픔. 말과 행동 곳곳에서 드러나는 그의 서글픔. 허심탄회하게 이야기를 나눈 기쁨. 언성을 높이는 야마 씨에 대한 두려움. 여러 감정이 소용돌이쳤다. 감정을 내레이션과 자막으로 정리해도 무언가 빠진 기분이 들었다.

극장판으로 재편집을 할 때, 그 심정을 음악으로 표현하고 싶었다. 물론 이야기로서 영화를 구성해야 하지만, 나는 마지막까지 야마 씨의 장면 때문에 마음이 불편했다. 그래서 그 장면의 음악을 만들 때 내가 느꼈던 불편한 감정을

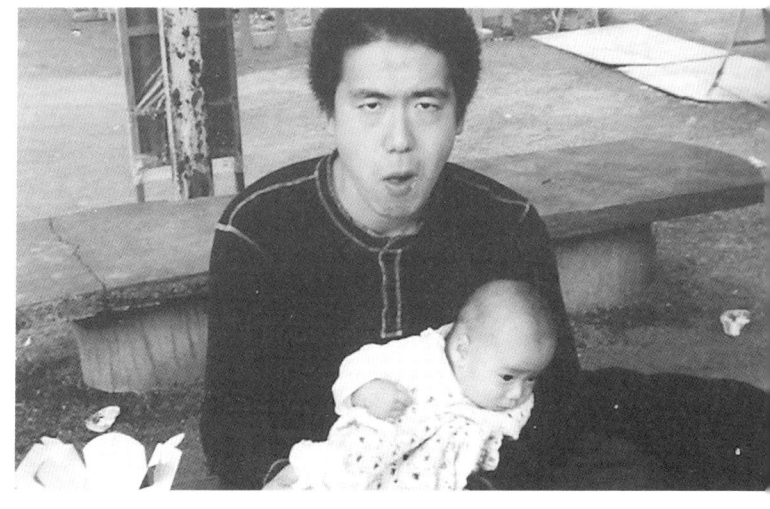

지금보다 더 젊었을 때의 야마 씨.
껄렁껄렁한 느낌이 물씬 풍긴다.

슈케이에게 그대로 전했다. 영화에서 어떻게 정리하면 좋을지 모르겠다는 마음도 함께 털어놓았다.

곡을 만들기 위해 이미지를 공유한다기보다 상담 혹은 하소연에 가까웠지만, 슈케이는 멋진 곡을 만들어주었다. 「악역의 가족」은 그와 통화할 당시 답답한 마음에 울어버린 내 모습을 그대로 노래로 만든 것 같아서 처음 들었을 때 피식 웃음이 났다.

옛날에 텔레비전에서 자주 보았어 영화의 히어로가 쓰러트렸어
적에게도 가족이 있구나 있구나
편의점에 파는 시시한 이름의 빵을
생각한 사람도 있구나 있구나
아름다운 영화란 뭐였더라 올바른 이름은 뭐였더라
이상한 옷을 입은 사람을 다들 비웃지만
그 옷을 준 건 나라고 영화의 히어로가 나오면
아름다운 영화란 뭐였더라 올바른 이름은 뭐였더라
아름다운 패션은 뭐였더라 올바른 결말은 뭐라고 생각해

가족의 갱신

나는 야마 씨와 이야기를 나눈 뒤 '아버지'나 '가족'에 대한 초조한 마음이 더 커졌다. 다만 새롭게 든 생각도 있다. 야마 씨가 찍은 사진은 모두 훌륭하다. 그는 지금도 틈틈이 주위의 풍경이나 사람들을 찍어 사진 전시회를 열 정도로 사진에 대한 열정이 뜨겁다. 엄마와 만난 곳도 사진 전문학교였다.

"좋은 사진을 찍는 사람이 꼭 좋은 인간이라는 법은 없어"라고 말한 엄마도 야마 씨의 사진이 훌륭하다는 건 인정한다. 야마 씨에게 매력을 느낀 것도 그의 사진이 좋았기 때문이라고 말했다. 특히 엄마가 갓 태어난 나를 안고 찍은 사진은 무척 아름답다.

그가 "이곳에 가서 쓰치와 당신을 찍고 싶어"라고 말하면 세 사람의 시간이 생겨났다. 엄마는 웃지 않았고, 나도 언제 두 사람의 다툼이 시작될지 몰라 조마조마한 마음에 불안한 표정을 지었다. 하지만 야마 씨가 찍어준 엄마와 나의 사진은 전부 찍을 당시의 분위기나 배경이 떠오르는 멋진 사진이었다.

야마 씨는 사진을 통해 '가족'의 연결 고리를 이어가고 싶었던 동시에 '가족'이라는 틀을 깨고 싶었던 것이 아닐

엄마의 아프로[흑인들의 풍성한 곱슬머리 스타일] 헤어 시절. 기분이 안 좋은 엄마.
밥 먹을 때 정도는 마음을 가라앉혔으면 좋겠다. 시선을 돌리는 나.

까. 영화를 편집할 때는 침몰가족과 야마 씨의 가족관이 정반대라고 생각했지만, 영화가 개봉하는 과정에서 훨씬 더 복잡한 것이 보이기 시작했다.

"사진을 같이 찍을 때면 우리 셋은 혈연으로 이어져 있지만 엄청나게 사이가 안 좋잖아. 나는 가족이 무엇인지 잘 모르니까 사진을 한 장 찍고 그날의 가족, 또 다음 날 한 장 찍어서 그날의 가족을 갱신하는 느낌이었어. 그래서 사진을 통해 가족을 알아가려고 했는지도 몰라."

야마 씨는 표현가·사진가로서 내가 영화를 찍고 싶어 하는 마음을 존중해주었다. 사흘간 그는 한 번도 나의 촬영을 막지 않았다. 영화에 나온 장면보다 심한 말다툼도 있었지만, 그때도 촬영을 방해하지는 않았다.

내가 침몰가족에 관심을 두지 않았다면 야마 씨와 정면으로 부딪힐 일도 없었다. 그를 아버지라고 생각하게 된 것도 아니다. 두 사람이 다시 잘 되기를 바라지도 않는다. 하지만 촬영을 마친 뒤 그와 어른으로서 마주한 기분이 들어 뿌듯했다. 야마 씨 덕분에 영화가 제대로 만들어졌다고 말해준 사람도 있었고, 그에 관한 감상도 많았다. "사람 냄새 나는 분위기와 말투에 마음이 흔들렸어요"라고 말한 사람도 있었고, "제 안에 야마 씨가 움직였습니다"라고 말하는 남성도 있었다.

어린 시절 어머니의 방임 속에서 자란 자신의 경험을 에세이와 만화로 발표한 만화가 다부사 에이코 씨는 영화에 이런 코멘트를 남겼다.

"나는 이렇게 아이를 키우는 삶은 불가능하다고 생각했다. 경외심에 휩싸여 한동안 거대한 산과 절경을 봤을 때처럼 숨이 벅차오르는 그때, 등장한 '야마 씨'의 모습은 어떤 의미에서 무척 '평범'했다. 그건 마치 험준하고 숭고한 대

자연 속에 홀로 덩그러니 있는 구멍가게 같이 마음이 놓여 눈물이 왈칵 쏟아졌다."

　당연한 말이지만 영화를 본 사람의 수만큼 다양한 해석과 감상이 존재한다. 기쁘기도 하지만 그게 다는 아니다. 많은 사람이 야마 씨를 보면서 "저 대사 좋다", "머리 스타일이 개성 넘쳐"라고 말하는 것 하나하나가 신기했다. 영상은 비추고 있는 사람의 인상을 결정한다. 지극히 자기중심적이다. 자신과 가까운 사람이라도 역시 그렇다. 야마 씨를 비판하는 감상평이 많으면 기분이 상할 것 같았으나 다행히도 그런 일은 없었다. 야마 씨도 영화를 만들어 공개하는 것을 허락하고 응원했지만, 막상 영화가 개봉했을 때 자신이 '악역'으로만 보이지 않을까 불안했을 테니.

해보도 좋지 않을까

　마침 야마 씨한테서 연락이 왔다. "네 엄마나 침몰 관계자뿐만 아니라 내 입장에서도 이야기하고 싶으니까 상영 후 토크 게스트로 불러줘." 즉시 답을 하지 않았다. 만일 야마 씨가 영화를 보고 영화 속 말다툼 장면의 연장선처럼 화가 나서 무대 위를 서성이면 어쩌지 싶어서였다. 그래도 한 번뿐인 이 기회에 관객들이 꼭 와주기를 바라면서 포레

야마 씨는 사진을 촬영할 때면 언제나 자세나 위치 등을 확실히 정해서 찍었다.

포레히가시나카노에서의 '가노 쓰치X야마무라 가쓰요시(본 작품 출연)의 상영 후 토크'가 결정되었다.

당일 아침, 미에현에서 심야 버스로 도쿄에 올라온 야마 씨와 신주쿠역에 있는 BERG라는 가게에서 맥주를 마셨다. 내가 언제나 엄마와 가는 곳이다. 삭발 머리에 검은색 뿔테 안경, 수트 차림의 야마 씨를 보자 지난번에 모히칸 헤어를 하고 만났을 때처럼 깜짝 놀랐다. 변함없이 배는 불룩했고, 비유하기에 미안하지만 햐쿠타 나오키[인기 소설가이자 우익 인사로도 잘 알려져 있음]와 판박이여서 웃음이 났다.

그날은 관객석이 크게 북적였다. 별다른 사전 회의 없이 상영 후 토크에서 야마 씨를 부를 때는 나도 긴장했지만, 관객들도 긴장에 휩싸였다. 객석에서 일어나 무대로 나오는 야마 씨의 모습을 모두 지켜봤다. 웅성거림과 함께 박수가 쏟아졌다. 마치 디너쇼가 시작되는 것 같았다. 무대 위에 오른 야마 씨는 허리 숙여 인사했다. 그도 긴장한 기색이 역력했다. 그 이후의 일은 긴장한 나머지 기억나지 않는다. 몇 번이나 무대 인사를 했는데도 이날만은 제대로 풀리지 않았다. 극장 스태프가 "야마 씨가 도와줬네요"라고 말했다. 녹음을 들어보니 야마 씨는 시종일관 온화하게 관객들의 질문에 정성껏 답변했다. 와카야마의 바닷가 장면처럼 무대에서 맥주를 마셨는데, 나는 긴장이 되어 대부분 남겼다. 당시 유일하게 기억나는 건 마지막에 야마 씨가 했던 말이다.

"음, 저는 가노 씨가 말하는 침몰가족은 싫었어요. 그래도 영화를 보고 현실적으로는 있을 수 없겠지만, 감독이 말하는 침몰가족이라면 해봐도 좋지 않을까 하고 느꼈습니다. 그래서 이 영화가 전국에서 상영되어 정말 다행이라고 생각합니다."

영화를 만들면서 기쁜 일이 많았지만, 이 말을 듣고 참 기뻤다. 영화가 끝나도 야마 씨와의 관계는 계속되리라.

7장 돌보미들 (아이에서 어른으로)

침몰가족은 당시 새로운 대안의 삶으로 미디어에 소개되었다. NHK '쓰치 군 두 살 우리들의 육아일기'(1996년 9월 17일 방송), 후지TV '우리 애를 키워보실래요?: 침몰가족이라는 시도'(1998년 5월 17일 방송), 요미우리신문 '가족의 형태 NOW: 따뜻한 관계를 찾아 혈연이 아닌 일곱 명의 편안한 공동생활'(1998년 3월 28일 기사) 같은 타이틀을 달고 언론의 주목을 받았다.

1997년 5월 잡지 『현대사상』의 스트릿 컬쳐 특집 기사에서 「돌봄을 위해 사람들이 찾아오는 '침몰가족' 공동육아 도전」이라는 제목으로 침몰가족을 소개했다. 돌보미들과의 대담 속에서 엄마는 "딱히 무언가를 목표로 한 것은 아니었고 어느새 보니 이렇게 되었다"라고 말했다. 침몰가족은 종교적·정치적인 신념을 공유하는 운동이나 사상과는 거리가 먼 생활을 위한 모임이었다.

「침몰가족」을 본 관객 중에는 화제가 되었던 옴진리교를 떠올리는 사람이 많았다. 옴진리교에 빠졌던 사람 중에는 사회에서 살아가는 데 괴로움을 느끼는 사람도 많았다. 같은 시대의 공동체였던 침몰가족과의 '엇갈림'을 느꼈다.

영화 「침몰가족」의 편집 작업에서 골치가 아픈 부분이 있었다. 침몰가족에 모였던 사람들은 찾아온 동기도, 시기도, 어떤 경위로 왔는지도 저마다 다르다는 점이다. 성장한 환경도 전부 달랐다. 사람이 사람을 불러 모으는 말로 표현하기 어려운 침몰가족의 '그 느낌'을 다큐멘터리에서 관객들이 알 수 있도록 편집하기가 무척 어려웠다.

촬영하기 전까지 나는 어른들을 돌보미라는 역할로만 생각했다. 하지만 돌보미들을 만나가는 동안 시노부 씨나 페페 씨 한 명 한 명의 얼굴이 자연스럽게 떠올랐다. 그들은 돌보미이자 함께 사는 사람이었고, 놀이 상대이자 저마다 배경과 사연이 있는 아저씨, 아주머니였다. 그래서 편집 과정에서 그들 각자의 매력을 '침몰가족의 돌보미'라는 범주 안에 가둬버리는 것은 아닌지 불안했다.

페페 씨와의 재회

영화를 촬영하는 동안 긴장도 했지만 즐거웠다. 만나고 싶은 사람을 만나러 간다는 마음 하나로 촬영에 임했기 때문이다. 촬영을 위해 만난 어른들은 총 스무 명 정도였다.

하치조지마로 이사한 뒤 따로 연락을 주고받은 적이 없었다. 엄마가 연락처를 아는 사람에게 물어물어 알려주었다. 그래도 찾지 못한 사람은 트위터에서 검색해 메시지를 보냈다. 옛날에 전단으로 모였던 사람들을 만나기 위해 트

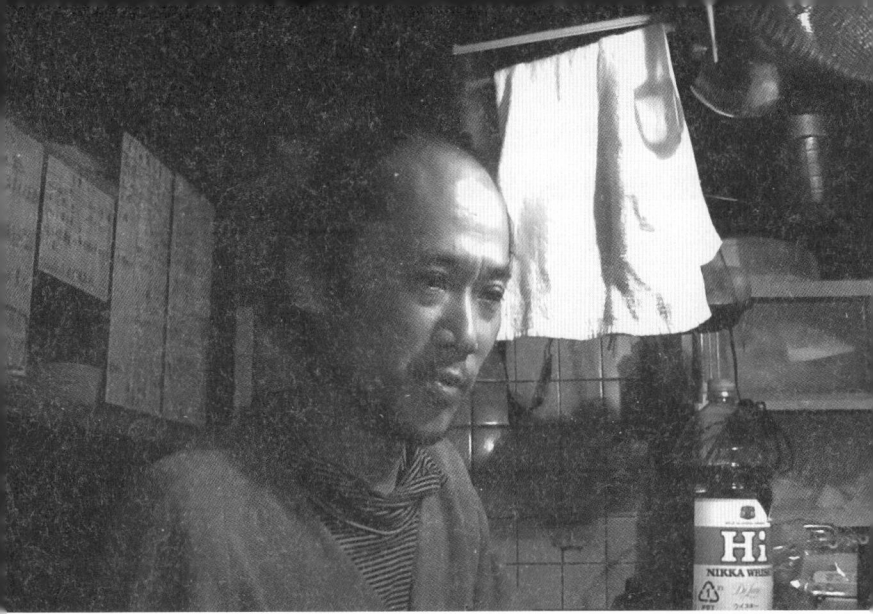

페페 씨. 내 눈엔 요괴였지만,
어른들이 말하길 '토크의 제왕'이었다고 한다.

위터로 연락을 하니 무척 신기했다. 그들의 프로필과 게시물이 나에게는 온통 낯선 것이어서 연락하기가 망설여졌다. '오랜만입니다'라고 해야 할지, '그간 안녕하셨는지요'라고 해야 할지 아니면 '처음 뵙겠습니다'가 맞는지, '안녕하세요'가 나을지 혼란스러웠다. 첫 인사말이 그 사람과의 관계를 결정짓는 것 같아서 몇 번이나 썼다 지우기를 반복했다. 결국 나의 선택은 '오랜만입니다'였다. 15년 만에 인사를 건네려니 몹시 어색했지만, 어린 시절의 나로 돌아가서 억지로 친한 척 인사를 하는 건 아니라고 생각했다.

직접 찾아가 촬영을 부탁하기도 했다. 페페 씨가 와세다의 교류 Bar '아카네'에서 일주일에 하루 가게를 본다는 사실을 알았다. 엄마도 히가시나카노에 살 때 그곳에서 카레를 만들기도 했다. 침몰가족 주변의 사람들이 모였던 가게여서 나도 간 적이 있었을 테다. 찾아간 날은 목요일로 페페 씨가 가게에 있다는 사실을 알았지만, 처음에는 들어갈 용기가 나지 않아 빨간 간판이 눈에 띄는 가게 반대편 길에서 왔다 갔다 서성거렸다. 아직 촬영을 하는 것도 아닌데 몹시 긴장한 나머지 공원에서 담배를 피우고 술을 마신 뒤에야 마음을 가라앉히고 겨우 가게 안을 들여다보니 페페 씨가 혼자 우두커니 서 있었다.

육중한 문을 열고 들어가자 페페 씨는 순간 멈칫했지만 마치 내가 지난주에도 그 가게에 왔던 것처럼 가볍게 손을 들어 맞이했다. 어린 시절 주위에 별난 사람이 많은 것을 딱히 이상하게 여기지 않았던 나조차도 페페 씨의 독특한 분위기만큼은 감지했다. 뭐랄까, 얼굴 생김새나 말하는 분위기 모든 것에서 요괴스러운 기운이 느껴졌다. 어릴 때부터 미즈키 시게루의 만화를 좋아했던 나에게 침몰하우스의 페페 씨는 만화 속 요괴와 같은 존재였다. 내 기억 속의 페페 씨는 언제나 구석에서 혼자 묵묵히 술을 마시는 이미지여서 다른 사람 눈에는 그가 보이지 않는 걸까, 하는 생각도 했다. 다만 문득 정신을 차리면 그곳에 페페 씨가 있던 느낌이 어린 시절부터 나는 좋았다.

가게에 손님은 없었다. 조용히 발포주 캔을 따서 건배하는 두 사람의 모습은 영상에는 남아 있지 않지만 기억 속에 선명하게 남아 있다. 조금씩 침몰가족의 영상을 찍고 싶다는 이야기를 꺼냈더니, 페페 씨는 기뻐하며 다른 사람의 연락처도 알려주었다. 재회한 시간은 한 시간 정도였지만, 울면서 껴안거나 아침까지 못다 한 이야기를 쏟아내는 느낌은 아니었다. 하지만 헤어질 때 "다음에 보자"라고 페페 씨가 말해주어서 '아, 다시 만날 수 있구나'라는 생각에 서서히 기분이 좋아졌다.

가노 쓰치의 밤

페페 씨와 다시 만난 이후 아카네에서 '가노 쓰치의 밤' 이벤트를 열게 되었다. 쓰치가 온다고 하니 침몰가족과 관계가 있던 사람부터 온 적은 없지만 이름은 아는 사람까지 많은 이가 모였다. 엄마도 이벤트가 열린다는 소식을 들었는지 '가노 쓰치의 밤'에 보내는 글을 써주었다.

침몰가족에서 보낸 시간은 지금의 나에게 엄청난 영향을 미쳤습니다. 인생을 풍요롭게 만들어주었습니다. 워낙 천성이 낙천적이기는 하지만, 침몰하우스에서 살면서 생각대로 되지 않는 일도, 인간관계의 어긋남도, 상호 교류를 통한 동기 부여까지…… 저마다 자유로움과 아픔의 소용돌이 속에서 보냈던 시간이 인생의 밑거름이 되었습니다. 그리하여 다시 새로운 상상을 시작할 수 있었습니다.

(……)

옛 돌보미 여러분!

어떻게든 살아가게 해줘서 고맙습니다.

재회라지만 거의 첫 만남에 가까울 쓰치와 옛 돌보미 여러분들을 위하여 건배! 공손하게 서로 이야기를 나누는 멋진 밤이 되길 바라며 건강과 행복을 기원합니다. 그리고 가능하다면 이 팍팍하고 억누르는 세상에서 작은 희망의 씨앗이 되어 서로 신호를 보내는 관계가 되면 좋겠다고 감히 생각합니다. 잘 부탁합니다.

2015.10.28

감사를 담아, 가노 호코

엄마도 내가 돌보미 어른들과 다시 만나서 기뻤던 모양이다. 영화를 촬영하면서 평소처럼 둘이 하치조지마의 보리소주 나사케시마를 마시는데, 엄마가 이야기를 꺼냈다.

"네가 영화를 찍어서 어른들과 관계가 다시 생겨서 좋아. 왠지 침몰가족이 다시 움직이기 시작하는 것 같아."

몇 번이나 가게 앞을 서성거리다가 겨우 페페 씨를 만났고, 엄마는 글을 써주었다. 졸업 과제로 침몰가족을 주제로 영화를 찍으려 했던 나는 무언가가 꿈틀거리는 듯한 두근거림을 느꼈다.

이벤트 날, 페페 씨는 카메라 앞에서 많은 이야기를 들려주었다. 나는 이날 처음 다큐멘터리를 찍기 위해 다른 사람에게 카메라를 향했다. 침묵이 생길까 두려운 마음으로 일단 이야기를 많이 들었다. 하지만 카메라에 담는 일에 신경을 집중한 나머지 이야기의 내용은 대부분 귀에 들어오지 않았다. 다만 그런 상태에서도 촬영을 잊고 '그렇구나' 하고 생각에 빠져드는 이야기가 있었다.

- 내 기저귀를 갈아주던 페페 씨가 지금의 나를 보고 어떻게 생각할까 궁금했어요.
- 긴장했지. 놀랍겠지만 긴장했어.

- 만나는 게요?
- 만나는 것도 그렇고 말하는 것 자체가.

나에게 침몰하우스의 요괴 페페 씨는 어떤 상황에서도 동요하지 않고 태연하게 그 자리에 '있는' 이미지였기에 긴장했다는 말에 깜짝 놀랐다. 그 뒤로 페페 씨가 육아 노트에 썼던 글을 다시 읽으며 나는 그 긴장감을 조금 알 것 같았다.

침몰하우스에 온다. 관심이 있는 여성과 아이를 돌보며 데이트를 할 수 있다. 쓰치를 데리고 셋이서 공원에 나간다. 쓰치가 커서 나를 미끼로 삼았다면서 때릴까 봐 불안하다.

세 사람의 모습을 상상하니 웃음이 났지만, 정말로 있었던 일이다. 물론 나를 미끼로 삼아 데이트를 했다고 페페 씨에게 화를 낼 생각은 없는데, 페페 씨가 긴장한 건 아마 어른이 된 내가 침몰가족을 그리고 자신을 어떻게 생각했을까 걱정했기 때문일 게다. 뿐만 아니라 "앞으로도 그 긴장에 대해서는 잘 생각해봐야겠지"라고 할 정도이니 여전히 복잡한 감정일 테지만 말이다. 나에게 페페 씨는 기억

속 모습 그대로였지만 그의 입장에서는 어렸던 내가 갑자기 커져서 나타났으니, 진짜로 이 녀석이 쓰치인가 하고 의심이 들었을지도 모른다. 다른 어른들도 마찬가지로 모두 기적 같은 재회를 하고 떨떠름하게 생각에 잠겼을 테지. 마지막으로 봤을 때 일고여덟 살이던 아이가 갑자기 거대한 모습으로 나타났으니까.

침몰하우스의 공동생활은 엄마와 내가 나온 뒤에도 계속되었지만, 메구와 유피까지 그곳을 떠나고 집에 아이가 사라진 뒤로는 활기를 잃어갔다고 한다. 그곳에 살던 어른들은 이제 아이가 생겼거나 이사를 했거나 직업이 달라져 있었다. 어느 날 갑자기 나타난 가노 쓰치는 어른들에게 20~30대 시절의 자신을 떠올리게 하는 존재였지 싶다. 졸업 과제로 제출한 영상을 본 침몰하우스의 옛 주민은 이렇게 말했다.

"솔직히 아쉬운 부분도 있었어. 쓰치는 아이였으니까 모르겠지만, 침몰에서의 생활은 그보다 엄청났거든. 하지만 영화를 만들어줘서 나도 그 시절을 다시 떠올리는 계기가 되었어."

페페 씨는 당시를 어떻게 생각하고 있을까.

- 처음으로 자네랑 단둘이 있었을 때가 선명하게 기억나. 나는 겁을 잔뜩 먹고 어떻게 될까 걱정했지.
- 어땠어요?
- 처음에는 울음을 터뜨렸는데 그러다가 포기하더라. 이제 엄마가 없는 걸 아는 거지. 그럴 때는 의지할 사람이 없으니까 나한테 오더라. 그건 재미있었어. 뭐, 마음이 놓였다고 할까. 계속 울고만 있으면 아무래도 싫잖아. 그래도 그런 일은 없었어.

'육아 같은 건 평생 못 할지도 몰라요'라는 협박성 문구에 이끌려 페페 씨는 육아에 참여했다. 페페 씨는 엄마가 처음부터 괴짜였다고 말했다. 아이를 돌본 적 없는 사람들이 괴짜의 말에 넘어가 울부짖는 아이와 홀로 마주했다. 그들은 이것저것 바라지 않고 능동적으로 육아에 나섰다. 본인이 아이를 대하는 방식과 가치관이 아이에게 어떤 영향을 미칠까. 15년이 흘러 만난 그 아이는 실험 결과 어떻게 자랐을까. 페페 씨가 느낀 긴장은 아마도 그 지점에서 비롯되지 않았을까. 나를 '자네'라고 부른 것도 긴장한 탓이었으리라.

1996.9.1.
편집 가미나가 고이치, 가노 호코
집필 페페 하세가와, 오구라 무시타로
사진 다마고
일러스트 고지마 후사코

沈没家族 *2号

연락처 (03) 3368-xxxx 침몰가족
체육인 상시 모집 중

올해도 여름 합숙에 다녀왔다
(글쓴이 가미나가 고이치)

작년의 호평에 이어서 올해도 우리 '침몰가족'(나카노에서 공동육아를 시도하는 사람들) 구성원들은 7월 19일(금)~21일(일)까지 여름 합숙을 다녀왔습니다.
장소는 니시이즈의 오하마 해변, '마음껏 놀고 수영하며 해변에서의 시간을 즐길' 예정이었습니다만, 안타깝게도 비가 내렸습니다. 저(가미나가)와 사람들은 개인적으로 야자와 에이키치처럼 '한여름의 체험'(개그립니다)을 상상했던 만큼 조금 실망했지요. 정신을 차리고 보니 무슨 이유에서인지 '궁극의 Q타로' 씨와 아쉬운 대로 종이로 만든 장기판으로 장기를 두었습니다.
하지만 누가 뭐라고 해도, 비에 지지 않았던 것은 미야자와 겐지의 자기희생 삼부작을 좋아하는 미우라 히토시 씨였습니다.

작년 합숙은 아이가 쓰치 혼자였지만, 올해는 메구무(세 살)도 참가해서 좋았다. 아이의 힘은 대단하다. 바다를 무서워하던 쓰치도 올해는 튜브로 얕은 물가까지 갔다.

노인과 아이의 폴카~ '노인과 놀자! 핑퐁팡' 주최자로부터~
두비두바 두비두바 멈춰라 멈춰 (히다리보쿠켄 「노인과 아이의 폴카」로부터)

이번에 '침몰가족'이라는 이름에 감명을 받아 글을 쓰게 되었습니다. 이 이름이 쇼킹하다는 목소리도 있지만, 잘 생각해보면 정도의 차이는 있을지언정 많은 가족은 침몰하고 있습니다. 당연합니다. 규범적인 남편, 아내, 아버지, 어머니, 형, 동생, 할아버지, 할머니로는 더는 견딜 수 없습니다.
"어떤 하나의 힘에 봉사하기에는 우리의 삶은 언제나 너무나 무궁무진하다"(랭보)
먼저.

미우라 씨는 강한 빗속에서 우산도 쓰지 않고, 다섯 시간 동안 겉옷도 없이 티셔츠 한 장을 걸치고 줄곧 낚시를 했습니다.
밤은 요리, 식사, 연회, 토론, 게임, 청춘가요 등으로 흥겨운 분위기였습니다.
합숙 중에 한 멤버가 "서른을 코앞에 두고 일도 제대로 안 하고, 이렇게 놀러만 다녀도 괜찮을까요?"라고 말하자 그 자리에 있던 사람들이 모두 웃음을 터뜨렸습니다.(끝)

이렇게 말하는 저의 '집'에도 다소 근엄한 노인이 침몰할 기미를 보입니다. 벌이도 없고, 집에 붙어 있지도 않는 저에게 모범적인 아들(하물며 장남!)의 역할은 너무나 무겁지만 그렇다고 지금 인연을 끊고 싶지는 않아요. (동시에 아내의 부담이 집중되겠죠. 실제로 그렇게 되고 있고요. 그래도 인연을 끊으면 안 된다고 말하지 않는 신중한 나) 그래서 생각한 기획이 '노인과 놀자! 핑퐁팡'입니다. 마침 이 '침몰가족'의 주 무대인 가노 씨 댁에서 가짜 가족 놀이가 이루어지는 것처럼, 가짜 아들, 가짜 딸을 모집하고 있습니다. 딱히 엄청난 일을 하는 건 아니고 첫 모임은 맥주를 마시면서 S지로 씨(60대 후반)와 토크를 합니다. (참가자 한 명)
노인은 자극이 줄면 비실비실하다가 정신을 놓아버리는 특성이 있기 때문에 되도록 교류의 장을 만들려고 합니다. 돈은 지급하지 않지만 맥주, 음료수, 안주, 가벼운 식사를 제공할 가능성은 높습니다. 아이뿐만 아니라 노인과 함께 놀면 인생의 고충, 깊이를 분명 느낄 것입니다. 함께 놀 때마다 핑퐁팡 참가증을 증정합니다. 이것을 저에게 제시하면 '저도 당신의 부모나 그 외의 노인과 놀아야 합니다'라고 지금 생각난 대로 썼습니다만, 엄청난 일이 될 것 같으니 현재 검토 중. 이러한 아이디어도 모집 중입니다.
연락처~ 와코루 니시야마토단지 2-9-301 쓰카하라 히로시
(핑퐁팡 담당)에게 편지 또는 엽서를 보내주세요. 자 여러분도 함께 두비두바 두비두바 멈춰라 멈춰 OO(OO에 좋아하는 말을 넣어서 노래를 부릅시다) by 복지의 삼관왕 pp

---

무료 소식지 제2호. 침몰하우스에 온 사람들이 들고 나가 밖에서 누군가에게 건넸다.
침몰의 미디어는 오로지 전단이었다.

침몰의 요즘

미디어에서 종종 침몰에 방문

후지TV FNS다큐멘터리 대상

5월 17일 (일요일) 밤 2:30~3:30

※6개월 남짓한 취재가 오늘 끝났습니다.
디렉터 M 씨, 스태프 여러분 수고 많으셨습니다. 여러분 꼭 시청해주세요.

얼마 전 요미우리신문 기사를 봤다며 TBS에서 취재를 의뢰하는 전화를 받았습니다. 프로그램은 누구나 다 아는 「다큐멘트 Dash Dash」라고 합니다. 아직 어떻게 될지는 모르지만, 방송하면 봐주세요.

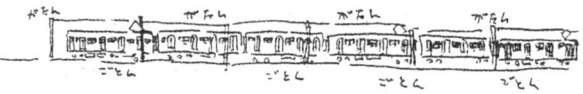

침몰하우스의 주민이 일부 바뀌었습니다.

가는 사람 오는 사람 각자 한마디

■ 침몰하우스에서의 생활도 벌써 1년 반이 되어가네요. 공동생활을 시작하기 전에는 이런저런 문제가 일어나지 않을까 무척 신경 쓰이기도 했지만, 지금 생각하면 지나치게 긴장했던 것 같습니다. 역시 좋은 사람들과 함께 산 덕분이겠죠. 침몰가족 여러분, 그동안 감사했습니다. 새집도 가까우니 앞으로도 종종 놀러 올게요.

■ 지금까지 살면서 공동생활을 몇 번 경험했다. 하지만 침몰은 무언가 다르다. 아이가 있다. 함께 요리를 하기도 하고 먹기도 한다. 어딘가 저저분하고 카오스지만, 또 어딘가 느긋하고 자연스럽게 교류한다. 사람이 자주 찾아온다. 후지TV도 왔다. 토크와 술은 빠질 수 없다. BGM은 울트라맨. 이런 느낌일까. / 엊그제 감기에 걸렸다. 열이 38.3도였다. 어질어질했다. 시노부 씨와 이노우에 군이 유리를 잘 돌봐주어서 잠을 잤다. 두 시간 정도 잤더니 조금 나아졌다. 손 하나 까딱 하지 않고 편하게 저녁밥을 먹었다. 혼자가 아니어서 다행이라고 생각했다. / 유리(8개월)를 돌봐줄 사람 모집 중.

■ 최근에는 제 생활이 제법 마음에 들어서 (어쩌면 비교적 무욕 상태가 된 걸지도) 느긋하게 살고 있습니다. 저도 드디어 사회인이네요. 몇 달이나 이어질지는 하느님만이 알겠지만, 아무튼 줄세욕을 불태워 기노시타 도키치로처럼 일하겠습니다. 하지만 분명히 몇 주 안에 에너지가 바닥나겠죠. 원래 그런 법입니다. / 아직 텔레비전도 설치하지 않았고 신문도 안 읽는 탓에 요즘 세상이 어떻게 돌아가는지 전혀 모릅니다. 히로미 고가 무언가 저지른 사건도 지하철 광고판에서 본 것이 전부여서 자세한 내용은 모릅니다. 그러고 보니 아이를 쇠방망이로 때려죽인 아버지가 징역 3년형을 받았습니다. 제가 아는 세상 소식은 그 정도네요. / 그런데 무사히 침몰로 이사는 마쳤지만, 생활 패턴이 다른 주민들과 잘 맞지 않아서 외로워요. 가능하면 저녁 식사 시간에는 집에 있고 싶은데 좀처럼 안 되네요. 아이들은 제가 함께 사는 사람이라는 걸 알고는 있을까요. 역시 평일 낮은 매력적이에요. 아무튼 시골 촌놈은 도쿄도청의 눈부시게 멋진 불빛을 감상하기 위해 조만간 전망대에서 천하를 제패한 기분을 맛볼 생각입니다. 그럼 안녕. / 아, 계단 청소해야지.

■ 이사할 집이 정해지니 할머니와 친구들이 "살던 집(침몰)에서 가까운가?"라고 물었습니다. 물론 침몰하우스와도 아주 가깝습니다. 침몰 여러분 고마워요. 우리 할머니가 안심하고 있답니다.

따분한 생활?

 나도 어른들처럼 긴장하기는 마찬가지였다. 어른이 된 내가 어떻게 보일까. 불안이 컸다. 사진이나 영상으로 본 침몰가족은 언제나 즐거워 보였다. 이른바 '침몰 합숙'이라고 이름 붙인 여행에서는 이즈의 바닷가나 후쿠시마의 눈 쌓인 산으로 놀러 갔다. 지금 내 또래의 사람들 스무 명 정도가 다 같이 나란히 웃고 있었다. 완행열차 안에서 도마를 펼쳐 놓고 회를 썰어 먹던 기억이 지금도 생생할 정도로 즐거웠다.

 대학생이 된 나는 엄마와 야마 씨의 유전자를 물려받았는지 술을 무척 좋아해서 날이 좋으면 편의점 밖에서 술을 마시는 게 일상이다. 침몰가족 어른들도 밖에서 술을 자주 마셨다. 다만 언제나 아쉬움이 있었다. 침몰가족이 꽃구경을 갈 때면 누가 들고 왔는지 큼직한 냄비 한가득 카레가 들어 있었고, 직접 만든 외국 전통 요리와 종이팩 사케 그리고 뭉게뭉게 피어오르는 담배 연기가 늘 있었다. 침몰가족은 무엇보다 사람들과의 교류에 무척 진지했다. 하지만 대학생인 나에게는 그것이 불가능했다. 나도 사람들의 발길이 끊이지 않는 꽃구경을 하고 싶었다.

 침몰가족을 자주 찾아왔던 가미나가 씨는 낙오연대의

주요 멤버이자 '교류 무한대' 정신을 실천하는 사람이었다. 와세다대학을 졸업한 뒤 회사에 취직한 지 1년도 안 돼서 관두고 극단 빅, 밴드, 동네 야구팀 등 뭐가 뭔지 모르겠지만 여러 활동을 해왔다. 그가 연출한 독립 영화 「고기완자」에는 나카노역 앞에서 젠카를 추는 장면이 있다. 유모차 안에서 쌔근쌔근 잠든 내 모습을 보고 가슴이 뛰었다. 동시에 한껏 신이 나서 젠카를 추는 엄마와 웃통을 벗고 몸을 흔드는 페페 씨의 모습이 부러웠다. 마치 그곳에만 바람이 부는 것처럼 탁 트인 자유로움이 느껴졌다. 무엇이 그렇게 즐거운지는 알 수 없었다. '춤을 추지 않으면 알 수 없다.' 솔직히 든 생각은 '부럽다, 나도 춤추고 싶다'였다. 나는 페페 씨가 나를 보며 '따분하게 살고 있네'라고 생각할까 봐 두려웠다. 그래서 페페 씨를 촬영하는 동안 줄곧 조바심이 났다.

"그때가 어쩌면 인생에서 가장 즐거웠을지도 몰라."

페페 씨가 무심코 내뱉은 그 말에 지금의 내가 존재하는 의미를 얻은 것 같은 기분이 들었다. 잡지 『현대사상』에서 침몰가족을 다뤘을 때, 페페 씨는 돌보미의 한 사람으로서 이렇게 소감을 밝혔다.

"아이가 이토록 귀엽다니 놀라웠다. 만약 나에게 자식

이 생긴다면 하기 싫은 일도 '아이를 위해서야!'라고 말하며 계속할지도 모른다. 그것을 깨닫게 해준 이 프로젝트에 그저 감사할 뿐이다. 아, 세상은 이렇게 돌아가는 건가. 세계의 비밀을 살짝 엿보았다."

어른도 불안했다

아이들이 어떻게 생각할지 불안했다고 말한 또 다른 사람이 있었다. 침몰하우스의 거실 구석에서 언제나 묵묵히 만화를 그리던 후지에다 씨. 오사카에 살던 그녀는 스무 살 때 낙오연대가 실린 잡지 기사를 읽고 흥미가 생겨 도쿄에 올라온 뒤 여러 집과 장소를 전전했다. 침몰하우스에서도 거실에서 먹고 자다가 나중에 정식으로 들어와 살기 시작했다.

메구가 언제나 옆에서 구경하던 그녀의 만화 원고는 상을 받고 단행본으로 출간되었다. 후지에다 씨는 침몰하우스를 나온 뒤 같이 살던 사토 씨와 결혼해 아이를 낳았다. 나는 촬영을 위해 그녀가 아이와 함께 셋이서 사는 아파트를 찾아갔다. 아이는 네 살 정도였다. 그 나이대의 아이와 만날 기회가 거의 없어서 함께 놀았다. 호빵맨 인형으로 같이 놀고 싶은지 계속 카메라 앞을 지나가는 아이를 보고 후지에다 씨가 웃으면서 말했다.

"침몰하우스에 살면서 아이를 키우는 게 엄청나게 힘들다는 사실을 알았어. 그곳에서 경험했지. 하지만 동시에 육아는 조금 손을 놓아도 된다는 것도 배웠어."

침몰가족의 생활은 아이를 중심으로 돌아가지 않았다. 어른도 아이도 각자가 원하는 대로 살았다. 사토 씨와 후지에다 씨는 나에게 돌보미라기보다 '동거인'에 가까웠다. 그래도 아이와 같은 공간에서 밥을 먹는 일은 커다란 경험이었을 게다. 사토 씨와 신이 나서 이야기한 일이 있다. 내가 사토 씨한테 주먹으로 꿀밤을 맞았던 일이다.

- 네가 차도로 유피를 데리고 뛰쳐나가서 내가 위험하다며 꿀밤을 때렸던 거 기억해?
- 음, 그건 기억나지 않지만 내가 학교를 쉴 때 따분해서 사토 씨가 갠 빨래를 방에 어질렀다가 꿀밤을 맞은 일은 기억나.
- 아, 그건 기억 안 나네. 짜증이 났었나 봐. 미안.

웃으며 이야기했지만 나는 사토 씨를 '빨래를 던졌더니 미친 듯이 화를 내는 사람'으로 기억하고 있었다. 지금은 웃으며 이야기를 나눌 수 있어서 기뻤다. 자신이 아이를 가장 편하게 대하는 방법을 찾아가던 경험이 지금의 두 사람에게 남아 있을지도 모른다.

촬영 중 아이가 몇 번이나 카메라 앞을 오갔다. "풍선 터졌어"라든지 "유튜브 보고 싶어"라고 소리를 지르며 나타나서 침몰가족 이야기를 듣기에 최적의 환경이라는 생각이 들었다. 촬영 틈틈이 내가 아이와 일대일로 놀아주기도 했다. 네 살짜리 아이는 에너지가 넘쳐서 함께 놀다 보면 몸이 지친다. 그동안 사토 씨와 후지에다 씨는 각자 인터넷 검색을 하거나 누워서 빈둥거렸다. 아이와 놀면서 그 옆에 부모가 늘어진 모습이 언뜻 침몰가족과 겹쳐 보였다.

이런 방식의 육아라도, 저런 가족이라도 괜찮을까 하는 불안도 있었을 게다. 후지에다 씨는 영화 팸플릿에 만화를 그려주었다. 나의 존재가 그녀의 인생에 작게나마 영향을 줬다는 것이 만화에서도 느껴져서 정말 기뻤다. 후지에다 씨는 "넌 매번 '엄마'를 찾아서 나는 역시 그냥 이웃 아주머니인가 싶어서 조금 섭섭했어"라고 영화 속에서 말했다. 하지만 이웃 아주머니가 집에 있어서 나는 엄마를 절대적인 존재로 생각하지 않을 수 있었다. 그래도 이렇게 생각하는 사람도 있음을 깨달았다.

후지에다 씨와 사토 씨. 침몰 사람들의 나이를 의식한 적은 거의 없지만, 두 사람 모두 젊은 편. 당시 20대 초반 정도. 두 사람 모두 중간에 침몰하우스에 들어왔다.

    후지에다 씨가 촬영한 100시간이 넘는 영상은 영화에도 쓰였다. 다 같이 보러 간 메구의 운동회에서 가정용 카메라로 찍은 영상이 있다. 흔들리는 거친 화면이 아이를 따라가며 분주하게 움직인다. 아이의 운동회 영상이라는 성장 기록을 '이웃 아주머니'가 찍고, 그 자리에 '이웃 아저씨'가 몇 명이나 있는 것이 재미있다. 주민이던 후지에다 씨는 침몰하우스의 일상을 영상으로 많이 남겼다. 육아 노트나 무료 소식지에는 여러 사람의 기록이 많이 남아 있어서 침몰하우스에는 언제나 많은 사람이 드나들었던 것처럼 보인다. 나도 그렇게 기억하고 있었다. 담배 냄새와 교류

하는 사람들의 목소리. 하지만 영상에는 주민들끼리의 시간도 많이 담겨 있었다.

어느 날 밤, 침몰하우스의 거실. 원피스 차림의 유피가 보육원에서 배운 춤을 추었다. 유피의 엄마는 난로 가까이에 앉아 옆에서 춤추는 유피를 지켜본다. 난로 주위에는 하얀 울타리가 놓여 있고, 수건이 여러 장 걸려 있다(가습용?). 이 무렵 시노부 씨와 새 파트너 사이에 아이가 태어났기 때문에 사고를 방지하기 위해서였는지도 모른다. 주방 앞에서 후지에다 씨가 카메라를 들고 있고, 텔레비전이 있는 거실 구석은 불이 꺼져 있다. 밥상 위에는 와인이 한 병, 무언가 종이가 놓여 있다. 유피는 카메라를 바라보며 열심히 춤을 춘다. 대사도 들리는데 무슨 말인지 알 수 없다. 춤을 완벽하게 추고 싶은데, 어딘가에서 대사와 동작을 틀리는지 슬슬 지쳐간다. 엄마가 중간에 훼방을 놓아서 유피는 질리기 시작한 것 같다. 후지에다 씨는 카메라에 자신의 목소리가 들어가지 않게 하려고 했지만, 까부는 유피를 보고 웃었다. 그때 위층에 사는 주민 한 사람이 내려왔다. 약간 졸린 듯 기운이 없다. 그러자 호코 씨의 목소리가 들렸다.

"아, 그러고 보니 도시락 안 먹어?"

카메라가 밥상 끝에 있어 안 보이던 엄마와 나를 비춘다. 초등학교 2학년 무렵인 것 같다. 길게 자란 머리가 찰랑거린다. 몇 년 동안 삭발이었는데, 다시 한번 길러볼까.

"아, 먹고 싶어!"

나에게 한 말이 아닌데, 밥 이야기가 나오니 잽싸게 대꾸한다. 지금 내 아저씨 체형은 아무래도 이 무렵부터 시작되었는지도 모른다. 그렇게 생각하니 감동이 밀려오고 도시락에 달려드는 내가 사랑스럽다. 엄마가 "한 개 다 먹기엔 너무 많아"라고 대답하니 또다시 잽싸게 먹고 싶다고 말한다. 좋아, 조금만 더 힘내. "그럼 야채도 먹어", "먹을 거야" 살짝 화가 났지만, 엄마의 조건을 받아들이기로 한 모양이다. 자세히 보니 탁자 끝에서 엄마와 나는 둘이서 밸런스게임 같은 것을 하고 있다. 반원 모양 바닥에 여러 형태의 나무 막대를 두고 무너트린 사람이 지는 게임이다. 전혀 기억나지 않지만 아마도 그런 규칙일 것이다. 영상은 도시락 문제가 일단락하고 게임을 다시 시작한 두 사람을 비추며 끝났다.

조용한 밤이었다. 두 쌍의 모자와 두 명의 주민. 침몰하우스에는 이처럼 아무 일도 없는 밤도 많았던 것 같다. 교류와 육아의 장이면서도 각자가 생활하는 장소였다. 그 모습은 다른 가족들의 풍경과 별반 다르지 않겠지.

15년 만의 침몰하우스

 침몰하우스와의 재회 역시 나에게는 긴장되는 일이었다. 촬영을 시작하고 1년 정도 지났을 무렵, 나는 15년 만에 침몰하우스 안에 들어갔다. 밖에서 건물을 본 적은 여러 번 있었다. 대학 신입생 때 포레포레히가시나카노에서 영화를 본 다음 문득 생각이 나서 슬쩍 가보니 침몰하우스는 여전히 그 자리에 있었다. 주위와 다른 분위기를 풍기는 그 집은 지어진 지 한참 되었지만 위엄은 여전했다. 그 후 촬영하러 엄마와 함께 가거나 메구와 가서는 밖에서 바라보고 추억을 이야기했을 뿐 들어가지는 않았다. 왠지 전쟁으로 불탄 옛 성터를 보러 가는 듯한 느낌이었다.

 우리가 침몰하우스를 나온 뒤 메구와 유피, 시노부 씨 등 나를 잘 아는 사람들도 침몰하우스를 떠났다. 그 뒤로는 아이가 없는 어른들만의 셰어하우스가 되어 멤버들도 점점 바뀌었다. 지금도 공동생활은 계속되고 있지만, 당시처럼 적극적으로 외부에서 사람이 오는 것을 반기는 분위기는 아니다. 그래서 지금은 '침몰하우스'라고도 하지 않는다. 다만 혼자서 내가 살았던 당시부터 줄곧 그곳에 사는 단 한 사람이 있다. 그 사람은 이노우에 씨였다.

내가 침몰하우스에 촬영하러 들어갈 수 있던 것도 이노우에 씨가 있었기 때문이다. 그때는 엄마도 함께 15년 만에 침몰하우스를 찾았다. 엄마와 함께 히가시나카노역부터 침몰하우스를 향해 걸었다. 가는 길에 간다가와강을 건너는 다리가 있고, 소부선이 달리는 모습이 바로 근처에서 보인다. 목욕탕 아쿠아히가시나카노, 라면 가게 모리바야시, 역 앞 중화요리점 오모리켄. 극장 포레포레히가시나카노에 가다가 들렀는데, 육아 노트를 보니 나도 어른들과 함께 갔던 모양이다.

목욕탕에는 야외에 15미터 길이의 작은 풀장이 있어서 아이도 문신을 한 아저씨도 모두 발가벗고 기분 좋게 헤엄을 쳤다. 그 모습을 나는 아주 좋아했다. 어린 시절 나도 아저씨들과 나란히 수영을 했다고 생각하니, 배 나온 지금의 나도 발가벗은 감상에 젖어들었다. 대학 시절 히가시나카노는 학교와 무척 가까워서 생활권에 있었다. 15년 만에 침몰하우스에 들어가니 익숙했던 풍경이 흑갈색으로 바뀌는 것 같았다.

침몰하우스에 도착하자 이노우에 씨가 마중을 나와주었다. 물건 배치가 살짝 달라져 있었지만, 대부분 옛날과 변함이 없었다. 다만 내가 이곳에 살았다는 실감은 나지 않았다. 밥상에 앉기에는 배가 너무 나와서 불편했고, 거실 한가운데에 있는 칸막이는 머리가 닿을 듯 낮았다. 하지만 화장실만은 달랐다. 내가 오줌을 누면 여기저기에 튀어서 언제나 다른 주민들의 불만이 끊이지 않았던 일이 퍼뜩 생각났다.

"제대로 조준하란 말이야!", "거시기가 말을 안 듣는다고!" 시시하기 짝이 없던 말다툼이 떠올랐다. 메구와 나는

가장 왼쪽이 이노우에 씨. 담배는 일단 환기팬 아래에서 피우는 것이 규칙. 나는 원래 담배를 아주 싫어했지만 지금은 흡연을 즐기는 멋진 애연가다. 엄마는 담배를 줄이라고 잔소리한다.

화장실이 더러워서 싫었다며 신나게 떠들었지만, 그건 사실 내 탓이기도 했다. '역사 수정주의'는 역시 무섭다. 소변을 보려고 변기를 내려다봤을 때 그 일이 떠올랐다. 지금은 잘 컨트롤할 수 있다는 마음을 담아 그대로 내보냈지만, 어딘가에 튀었을지도 모른다. 현 주민 여러분 죄송합니다. 그러고 보니 나는 지금까지 줄곧 서서 소변을 봤다. 다들 언제쯤 아이에게 화장실 가는 법을 알려주는 걸까.

후지TV에 방영된 다큐멘터리에는 응가가 새어 나온 나를 화장실로 데려가 엉덩이를 닦아주는 이노우에 씨의 모습이 담겨 있었다. 내가 올려다보던 키 큰 이노우에 씨는 어느새 길었던 머리를 잘랐고 흰머리가 곳곳에 눈에 띄었다. 담배를 피우는 이노우에 씨에게 메구와 내가 서로 앞다퉈 놀아달라고 하던 기억이 난다. 다시 만난 이노우에 씨는 나에게 존댓말로 말했다.

쓰치 오랜만에 만났다고는 하지만, 이노우에 씨가 왜 존댓말을 하는지 모르겠어요.
호코 비교적 옛날부터 그런 느낌은 있었어.
이노 그냥 사람을 사귀는 방식이 이상한 거지. 단순히. 어른이잖아. 어린 시절의 쓰치와 말하는 거면 몰라

> 도, 지금 직접 이야기를 한다면 그건 어쩔 수 없어.
> 이상한 말이기는 하지만 역사 속의 쓰치 같은 느낌
> 일까.

'역사 속의 쓰치'라는 말이 깊이 와닿았다. 옛날의 나는 이제 없다. 그날 침몰하우스에 가서 가장 좋았던 일은 함께 담배를 피운 시간이었다. 주방 앞 환기팬 아래 다리가 긴 의자가 이노우에 씨의 지정석이었다. 이노우에 씨의 지정석에 앉아 나는 평소보다 천천히 담배를 즐겼다. 담배를 피우는 어른들의 모습이 기억에 남아 있었다. 담배를 피우니 마침내 내가 침몰하우스에 왔음을 강하게 실감했다.

다마고 씨

다마고 씨는 그 시절 나와 가장 많이 놀아주었던 사람이다. 우리가 연립주택에 살았을 때도 침몰하우스로 이사했을 때도 다마고 씨는 같이 살지는 않았지만 집에 자주 찾아왔다. 한 손에는 언제나 삿포로 캔맥주 여섯 개짜리 세트와 만화책이 들려 있었다. 어른들에게도 분명 인기가 많았을 것이다. 메구도 말했지만, 다마고 씨는 '혼났을 때 어리광을 받아주고 함께 있으면 마음이 편안해지는' 존재였다. 육아 노트에는 다마고 씨와 바깥에 나갔을 때의 일이 쓰여 있었다.

오늘은 오늘대로 생각할 일이 많다.

우선 둘이서 장보기. 도중에 "간식 사줘" 공격이 있었음. 10분 정도 입씨름을 했다.

쓰치: "간식 살래!" 100엔짜리 과자를 손에 든다.

다마고: "사줄게. (오늘은 월급날이니까) **밥 먹고서.**"

쓰치: "안~먹~어."

다마고: "그럼 간식 먹고 난 다음에 밥 먹자."

쓰치: "간식 먹을 거야~ 밥은 안 먹어."

다마고: "아이, 밥 먹자~"

그리고 다시 처음으로 돌아감.

집에 돌아와서 밥을 먹는데 오늘은 이상하게 응석을 부린다. 처음에는 혼자 숟가락으로 먹었는데, 점점 먹여달라고 하더니 스스로 먹지 않는다. 음, 난처하다. 나도 밥을 먹고 싶은데……. 어떻게든 마음이 놓일 정도까지 먹였더니 이번에는 "놀아줘~"라고 울음을 터뜨린다. "잠깐 기다려. 나 지금 밥 먹잖아"라고 설명하지만 말을 안 듣는다. 태어나 처음으로 잠시 쓰치에게 화가 났다.

> **쓰치와 가까워지면서 생긴 딜레마 같은 것을 느끼고 생각에 잠겼다. 아, 그렇다고 해서 쓰치가 싫다고 말하는 것은 아니니 오해 마시길.**

나의 행동과 말을 많은 사람이 육아 노트에 정말 꼼꼼히 써놓았다. 다시 보니 역시 창피하다. 이 글도 주고받은 대화가 그대로 적혀 있어서 눈에 띄었다. 다마고 씨가 '화가 났다'라고 말한 건 의외였다. 내 기억 속 다마고 씨의 모습은 '화'와 거리가 멀었다. 물론 그건 어디까지나 아이의 관점이고, 응석받이였던 나에게는 보이지 않는 부분이었겠지만. 나 역시 밥을 먹을 때 아이가 울면서 매달리면 난처했을 것 같다. 언제나 생글생글 웃던 다마고 씨의 고충을 알게 되어서 다행이었다. '돌보미'로서가 아닌 다마고 씨의 얼굴이 한층 뚜렷해진 기분이 들었다.

포레포레히가시나카노에서 영화를 개봉했을 때, 육아 노트의 일부를 그대로 확대 복사해서 극장에 전시했다. 보육사로 일하는 관객이 남긴 소감이 인상 깊었다.

"저도 아이를 돌보면서 그날 있던 일을 아이 부모님께 이야기하는데, 보고를 하는 형식이기 때문에 제 주관적인 생각은 별로 들어가지 않아요. 하지만 이 노트에는 자기만

다마고 씨.
안경을 쓰고 있지 않아서
이 사진을 발견했을 때
누구인지 못 알아보았다.

의 생각이 마구 뒤섞여 있어서 재미있네요."

노트에는 처음으로 자신의 이름을 내가 불러주었을 때의 기쁨도, 밥을 먹을 때 마냥 자신을 챙겨주길 바라는 나에 대한 분노도, 어떻게 대하면 좋을지 모르겠다는 고민까지 저마다의 말로 쓰여 있었다. 육아 노트에 쓴 고민은 무료 소식지나 노트를 통해 의논했다. 각자의 고민이나 생각을 나눌 수 있는 자리가 있었다. 시노부 씨는 육아에 관한 고민을 집에서 털어놓을 수 있는 사람이 있는 것이 침몰가족의 장점이라고 말했다. 모두가 노트에 자기 생각을 적었고 이야기를 주고받았다.

침몰가족 사람들과 캠핑을 갔을 때, 당시의 분위기를 다시 떠올리며 다 같이 이야기하는 장면이 있다. 밤도 깊어지고 쌀쌀해졌을 즈음, 랜턴을 켜고 빙 둘러앉았다. 낮에 구운 로스트 치킨은 뼈만 달랑 남은 채였다. 다들 술을 마시고 기분이 좋았다. 다마고 씨는 변함없이 500밀리리터짜리 삿포로 맥주를 마셨다. 자기 아이를 갖고 싶은 생각은 없느냐는 질문에 다마고 씨는 이렇게 답했다.

- 나는 내 아이에게는 왠지 제대로 할 자신이 없다고 할까, 남의 아이라서 그렇게 할 수 있는 거야.
- 어떤 부분이 다른데? 남의 아이와 자기 아이는.
- 역시 두렵거든. 내 아이가 생긴다는 건. 이렇게 말할 수밖에 없네. 기대된다기보다 두려워. 뭔지는 모르지만. 침몰이든 뭐든 상관없지만, 아이는 진짜 좋아해.

다마고 씨는 팔짱을 낀 채 고민에 잠겨 그렇게 답했다. 나는 이 장면을 영화에서 야마 씨와의 대비를 보여주기 위해 넣었다. 다마고 씨의 말에 대해 사람들은 "결국 책임이 없으니까 올 수 있는 거야"라고 말하기도 하고, "자기 아이는 두렵다는 감각은 야마 씨와 호코 씨의 이야기보다 더 공감이 간다"라고 말하기도 했다. 다마고 씨는 아이가 두

렵다고 한다. 육아 노트에는 다마고 씨가 갑자기 사라진 엄마에게 화가 나서 쓴 글이 있었다.

지금 화났습니다. 호코 씨 빨리 돌아오세요. 이러면 곤란합니다. '육아'에 대해 다시 한번 잘 생각해보세요.

다음 날 엄마는 "미안해요. 전철에서 꿀잠을 자버렸습니다. 늦은 시간까지 고마워요"라고 답장을 썼다. '책임이 없다', '출입이 자유롭다' 얼마든지 말할 수 있다. 인터넷 매체에서 침몰가족을 보도한 기사에 비판하는 댓글이 많이 달렸다. 책임이 없는 사람이 내 집에 오는 건 싫다는 식이었다. 책임이란 대체 무엇일까? 나에게는 지금 아이가 없고, 오래 알고 지낸 사람 중에도 아이가 있는 사람은 거의 없다. 다마고 씨가 말하는 '아이가 두렵다'라는 감각이 무엇인지 나는 알지 못한다.

부모도 학교 선생님도 아닌 어른이 집에 있어 주고 애정으로 대해주었다. 그것은 역시 무척 기쁜 일이었다. 다마고 씨가 종종 집에 와주어서 나는 큰 도움을 받았다. 혈연과 상관없이 혼자서는 아직 살아갈 수 없는 시기에 곁에 있어 주었기 때문이다. 집에 누군가가 있다는 것은 나에게 그만 큰 의미가 컸다. 다마고 씨는 나뿐만 아니라 메구와 유피 그리고 그 후의 인생에서 다양한 아이들과 만나왔다. 편집 과정에서 빠졌지만, 캠핑에서 다마고 씨는 이런 말도 했다.

- 20년이나 아이와 놀아주는 거네. 대단하다.
- 음, 대단하고 말고의 이야기는 아니라고 생각해. 어쩌다 지인의 친구 아이를 봐주는 정도지.
- 어쩌다 지인의 친구 아이와 계속 놀아주는 일은 거의 없을 것 같은데.
- 그렇지. 음, 하지만 내 인생은 어쩌다 그렇게 되었어.

나는 영화를 개봉할 때까지 다마고 씨의 본명조차 알지 못했다. 이름도 모르는 사람이지만 '어쩌다 그렇게 되었던' 다마고 씨에게 감사한다.

8장 극장 개봉 (쓰치, 감독 되다)

대학교 4학년 가을. 주위 친구들은 취업 활동을 시작했지만 나는 영상 편집에 몰두하고 있었다. 취직할 마음이 없지는 않았지만, 지금 할 일은 이것뿐이라고 생각했다. 애초에 양복을 입고 이력서를 쓰는 일이 머릿속에 없었다.

졸업 과제

편집 대부분은 일단 찍은 영상을 다시 보는 과정이었다. 촬영할 때는 계속 카메라를 켜놓았다. '찍어야 할 부분'과 '멈춰야 할 부분'을 미리 생각하지 않아 결국 전부 찍는 식이었다. 먹고 마시면서 자연스럽게 인터뷰를 진행했기 때문에 언제 중요한 이야기가 불쑥 튀어나올지 알 수 없었다.

같은 수업을 듣는 친구들이 15분가량의 영상을 만드는 동안, 내 영상은 점차 한 시간이 넘는 작품이 되어갔다. 편집 프로그램이 설치된 학교 컴퓨터를 이용하기 위해 수업이 없을 때도 학교가 있는 에고타까지 매일 오갔다.

어린 시절 엄마를 언제나 기다려야 해서 싫어했던 담배도 편집에 골머리를 앓는 동안 자연스럽게 피우기 시작했다. 촬영한 영상이 어마어마한 양이어서 어떻게 영화가 될 수 있을지 짐작할 수 없었지만, 우여곡절 끝에 그럴싸한 '이야기'로 완성할 수 있었다. 지도 교수인 나가타 고조 선생님은 일단 사람들을 무작정 만나서 찍고 싶은 대로 찍어보라며 아낌없이 등을 두드려주었다.

졸업 과제는 65분 길이의 영상이 되었다. 무사시대학 사회학부 미디어사회학과 졸업 과제로 한 시간이 넘는 영상을 제출한 사람은 내가 처음이었다고 한다. 학내 발표회에서 열 명 정도의 학생들 앞에서 완성한 작품을 선보였다. 또래 학생들은 눈앞에 있는 지금의 나와 당시의 나를 비교하며 말 그대로 눈이 휘둥그레졌다. 그들은 침몰가족을 전혀 알지 못하고 아버지와 어머니, 아이가 함께 사는 가정에서 자란 사람들이니 놀라는 것도 당연했다.

평소에 편집실에서 마주치면 시시한 이야기를 늘어놓거나 합숙에서 신나게 함께 술을 마셨던 그들이 영화를 보고 "뭔가 이제야 이야기의 앞뒤가 맞는 것 같아"라고 말해서 마음이 놓였다. 내가 당연하게 지냈던 환경에 대해 그들이 거부 반응을 보이면 싫을 것 같았기 때문이다.

졸업 과제는 완성했지만, 나는 좀 더 시간을 들여 좋은 영화로 만들고 싶어졌다. 가장 큰 목표는 영화에 출연한 사람들에게 보여주는 것이었다. 지금까지는 학교 친구들에게 보여주고 졸업 과제로 제출하는 것을 동기로 삼았지만, 영화에 출연해준 사람들에게 보여줄 생각을 하니 몹시 긴장되었다. 2017년 3월, 공간을 빌려서 상영회를 열기로 했다. 영화에 나온 사람들뿐만 아니라 침몰가족 주변에 있던 어른들도 모였다. 엄마도 그 자리에 오기로 했다. 나는 반드시 최고의 버전을 보여주고 싶었다.

쉽지 않을 거야

침몰가족의 어른들은 내가 영화를 만들고 나와 다시 만난 것에 기뻐하며 영화의 완성을 진심으로 기대했다. 하지만 엄마는 조금 달랐다. 대학교 3학년 여름, 나는 졸업 과제로 침몰가족을 찍고 싶다고 엄마에게 처음 말했다. 애써 자연스럽게, 넌지시. 그런데 담배를 피우던 엄마는 "음, 쉽지 않을 거야"라고 짧게 대꾸했다. 대화는 그걸로 끝이었다. 엄마다운 도전장에 나는 왠지 모르게 의욕이 솟았다. 이후에 내가 당시 사진을 빌려달라고 하거나 히가시나카노에 함께 가자고 부탁했을 때도 엄마가 촬영에 긍정적인지는 알 수 없었다. 촬영하는 법도 잘 모르는 내가 갑자기 부탁해서 귀찮아하는 느낌마저 들었다.

2013년부터 엄마는 하치조지마에서 '우레P야'라는 모임을 만들어 활동을 시작했다. 당시 엄마는 요양보호사로서 방문 서비스 이용자와 일로만 만나는 것에 아쉬움을 느

도쿄에 돌아가는 나를 하치조지마의 항구까지 데려다주었을 때.
내가 "이상한 차림새네"라고 하니 엄마는 "멋지잖아"라고 대답했다.

겼다. 그래서 한 달에 한 번 서비스 이용자로서 알게 된 사람들끼리 모이는 자리를 만들었다. 노인이나 정신 질환이 있는 사람 등 다양한 사람이 모였다. 사람들은 서로 떨어져 있지 않고 함께 뒤섞여 먹고 마셨다. 섬에서 수확한 열매로 폰즈 소스와 주스를 만들어 팔기도 했다.

내가 도쿄에 돌아갈 때쯤 우레P야 신년회가 열릴 예정이었다. 하지만 촬영은 더는 필요하지 않다고 판단했고, 학점 취득을 위한 시험도 있었기에 신년회 전날 배를 타고 돌아가기로 했다. 항구까지 차로 데려다준 엄마와는 별다른 이야기 없이 헤어졌지만, 아침에 출항한 지 두 시간이 지나 미야케지마에 도착했을 무렵, 엄마에게 문자가 왔다.

여기까지 찍어 놓고, 내가 지금 하는 일을 보려 하지 않는 건 이해가 안 되네. 피사체로부터.

문자 내용은 그게 전부였다. 갑판에서 그 문자를 읽으니 하염없이 나 자신이 한심했다. 나는 엄마에게 언제나 과거의 이야기를 묻기만 했을 뿐 현재를 살아가는 가노 호코라는 사람을 보려 하지 않았다. 나는 살아가기 편한 쪽으로 가면서, 유유히 나아가는 엄마를 못 본 체하다니. 큰 실례였다.

문자를 받고 나서야 그 사실을 깨달았다. 하지만 이미 배는 도쿄를 향해 천천히 가고 있었기에 돌아갈 수 없었다. 섬세하지 못한 나에게 화가 났다. 늦은 밤이 되어서야 도쿄에 도착했지만, 여객선 터미널 근처 식당에서 소고기덮밥을 먹고 바로 다시 배를 탔다. 열두 시간을 걸려 돌아갈 때 나는 오로지 그 자리를 어떻게 찍을지만 생각했다.

피아필름페스티벌

 영상은 결국 72분이 되었다. 이야기를 해준 사람들에게 영상을 보여주는 내내 긴장한 탓에 나는 밖에서 줄곧 담배를 피웠다. 상영 후에는 스무 명 정도의 사람들 앞에서 인사를 했는데, 박수를 받으니 무척 기뻤다.

 다들 그 시절을 그리워하며 영화를 본 소감을 이야기했다. 엄마는 술을 잔뜩 마시면서 "그 장면이 나올 줄이야. 창피해"라며 쓴웃음을 지었다. 어린 시절 그 자리에 있으며 느꼈던 침몰가족의 거실에 있는 것 같아서 반가웠다. 눈앞에 그 광경이 있다는 것이 기뻤다.

 「침몰가족」은 사실 이날 상영으로 끝날 예정이었다. 하지만 대학 졸업식 날 선보였던 영상을 독립 영화 공모전인 '피아필름페스티벌'에 지원하면서 상황이 달라지기 시작했다. 입선, 심사위원 특별상까지 수상한 이후 여러 곳에서 상영회를 열어주었다. 설마의 연속이었다. 국립영화아카이브의 대형 스크린을 통해 배 나온 내 모습과 오코노미야키 부스러기를 손으로 주워 먹는 장면을 보니 신기하기만 했다. 또 그 모습을 자못 진지한 얼굴로 보는 관객들도 왠지 어색해 웃음이 나왔다. 피아필름페스티벌까지 보러 와준 침몰가족 사람들도 마찬가지로 웃고 있었다. 등장인물들은 말했다.

"만취한 장면이 나올 줄이야."

"내가 비디오를 제대로 못 찍어서 미안해."

「침몰가족」을 보러 와준 사람들이 있음이 기뻤다. 관객 대다수는 이들의 존재를 모르는 사람들이었다. 20년 전 히가시나카노에서 벌어진 공동육아에 놀라는 관객도 있었고, 또 내가 상영이 끝난 후 불쑥 나타나는 것도 이 영화를 신선하게 바라보는 이유였다.

방송이나 인터넷 미디어, 신문에서도 「침몰가족」이 다뤄졌다. '독박 육아', '90년대의 시대적 분위기', '아버지와 아들의 관계', '서로 지지하는 공동체' 등 이 영화는 이야기의 실마리가 될 주제가 풍부하다. 여러 취재 요청을 받으면서 지금 일본 사회는 침몰가족에 주목하고 있음을 실감했다. 영화를 통해 풍요롭게 살아가는 힌트를 얻고 육아 스트레스에서 잠시 해방감을 느끼는 사람이 많다는 것도 뜻밖의 발견이었다.

다만 취재 요청에 응해 인터뷰를 하는 동안 그 자리에서 하는 말들이 점점 내 이야기로 느껴지지 않았다. 감독이자 가장 직접적인 당사자인 내가 듣는 질문은 대부분 침몰가족의 생겨난 과정이나 방식뿐이었다. 그곳에서 자란 나만

이 답할 수 있는 것이나 영화에 담긴 내 마음을 묻는 질문은 별로 없었다. 영화 속에 내가 없다는 느낌이 들었다. 피아필름페스티벌에서는 작품을 지원한 감독 전원에게 예비 심사위원의 감상평이 적힌 편지를 주는데, 그중 한 사람으로부터 똑같은 말을 들었다.

"감독이 자신의 이야기를 내가 아닌 '쓰치'로서 한 걸음 물러난 시점에서 취재하고 있던 점이 마음에 걸립니다. '침몰가족'이 흥미로운 소재인 점은 분명하지만, 그 결과로 탄생한 '쓰치'라는 인간이 어떤 사람인지, 역시 그 점과 마주해야만 작품이 완성될 것입니다."

만나서 이야기를 듣는 것. 이것이 내가 가장 하고 싶었던 일이었다. 그래서 자신을 드러내는 일은 그다지 의식하지 않고 만들었는지도 모른다. 게다가 셀프 다큐멘터리라는 장르에 대해 평소 내가 품었던 생각도 반영되었다. 90년대 중반, 촬영 장비 가격이 저렴해지면서 거대한 권력이나 사회 문제가 아닌 자신의 가족이나 가정환경을 소재로 혼자서 촬영한 작품이 늘기 시작했다. 성장 환경에 트라우마를 지닌 감독이 '매듭'을 짓기 위해, 절반은 증오를 원동력 삼아 피사체와 마주하는 작품이 많았다. 나 또한 많은 작품을 보았지만, 셀프 다큐멘터리라고 하면 그렇게 비슷하게 만든 영화가 떠올랐다.

나는 침몰가족에 대한 증오도 없거니와 매듭을 짓고 싶은 것도 없었다. 페페 씨는 "어른이 된 쓰치한테 맞지 않을까"라고 육아 노트에 적었지만, 그럴 생각은 없었다. 나는 앞에 나설 정도로 강한 의지가 없었다. 하지만 작품에 등장하는 가노 쓰치가 온전한 내가 되지 않은 탓에 인터뷰를 할 때면 왠지 목에 가시가 걸린 듯 위화감을 느꼈다.

포레포레히가시나카노 영화관

그 무렵 포레포레히가시나카노 영화관 스태프로부터 「침몰가족」을 극장에서 개봉하지 않겠냐는 제안이 들어왔다. 포레포레히가시나카노는 침몰가족이 시작된 히가시카노에 있는 영화관이다. 엄마가 나를 돌보미에게 맡기고 심야 영화를 보러 갔던 곳도 포레포레히가시나카노의 전신인 BOX히가시나카노. 이곳은 나에게도 다큐멘터리의 성지였다. 대학 시절 수업이 끝난 뒤에는 대부분 이곳에서 영화를 봤다. 침몰가족을 떠난 뒤 히가시나카노와 나를 이어준 건 분명 포레포레히가시나카노였다.

나는 '나'의 영화로 다시 만들기로 마음먹었다. 배급사와 함께 지금까지 없던 홍보 팸플릿이나 홈페이지, 예고편도 새롭게 만들기로 했다. 피아필름페스티벌의 스크린에서는 나와 몇 명의 이름밖에 없어서 썰렁했던 엔딩 크레딧에 갑자기 많은 사람의 이름이 올라왔다. 배급과 구성을 맡은 오사와 가즈오 씨와 함께 영화를 다시 만들었다. 목표는 일단 '나'를 드러내는 것. 그리고 더 많은 관객에게 선보인다는 것을 염두하고 침몰가족을 관객들이 이해할 수 있도록 하는 것이었다.

지금까지 없던 내레이션을 내 목소리로 넣었다. 내레이션을 쓰는 일은 무척 어려웠다. 오사와 씨와 이야기를 나누며 구체적인 감정을 영화에 담기 위한 말로 만들어갔다. 이 과정은 영화를 만들기 위해 나의 감정을 편집하는 작업이기도 했다. 분명한 대사, 전달하기 쉬운 길이, 감정을 담는 부분. 어딘가 어이없게 놓친 곳도 있고 부풀린 곳도 있다. 딱 93분의 영화로 표현해야 했기에 나의 모든 마음을 장황하게 내레이션에 넣을 수 없었다.

'쓰치'로서 한 걸음 뒤로 물러나 촬영했던 영상에 '나'의 목소리를 얹는 과정은 몹시 골치가 아픈 작업이었다. 그때 객관적인 관점에서 내 감정을 정리하고 영화에 나타나게 해준 오사와 씨는 나에게 영화의 리얼리티를 보여주었다. 전국 곳곳의 영화관에서 이 영화를 선보이기로 했을 때,

오사와 씨의 말 한마디 한마디가 영화의 길잡이가 되었다.

슈케이 군

극장판 음악은 MONO NO AWARE가 맡아주어서 큰 도움을 받았다. 슈케이는 고등학교 선배였는데, 학교에서 마주치면 편하게 이야기를 나누던 사이였다. 그랬던 그가 어느새 밴드를 결성하고 두각을 나타내더니 유명 음악 페스티벌이나 라이브에 단골로 등장했다. 대학에서 친구가 MONO NO AWARE를 얘기하면 "고향 선배야~"라고 자랑할 수 있는 존재가 되었다. 모르는 친구에게 그들의 음악을 추천했는데, 친구들이 팬이 되면 무척 기뻤다. 고등학교 시절부터 범상치 않던 슈케이는 말장난을 좋아해서 지나가다 마주치면 프리스타일로 자주 장난을 걸었다. 말장난에 진심인 그는 생각이 기발했다.

나는 졸업 과제를 완성하고, 그에게 영상이 담긴 DVD를 보냈다. 슈케이는 그때부터 침몰가족에 관심을 보이기 시작했다. 나는 그가 음악을 만들어주기를 바랐다. 또 그가 음악으로 침몰가족을 어떻게 표현할지 듣고 싶었다. 시부야에 있는 패밀리 레스토랑에서 슈케이를 만났을 때 그가 "실은 아이에서 청년으로 성장해가는 과정을 테마로 한 앨범을 준비 중이야"라고 말을 때 속으로 외쳤다. 와우, 이건 운명이다!

이야기는 순조롭게 진행되었다. 슈케이가 말하는 '이성'과 '본능'을 나는 기억하고 있다. 어린 시절에는 이유도 모르고 했던 일이 어른이 되면서 '이성'의 통제로 불가능해진다. 게다가 그런 일을 했다는 사실조차 알지 못한다. 그는 쉴 새 없이 자신의 이야기를 쏟아냈다.

나에게 '본능'이란 이미 전혀 기억나지 않는, 온몸으로 자신의 마음을 표현하던 어린 시절의 나를 의미했다. 보육원에 왜 바지를 입고 가야 하느냐며 현관에서 떼를 쓰던 나. 밥그릇이 평소에 쓰던 것이 아니라고 길길이 날뛰며 화를 내던 나. 그러나 지금의 나는 그때가 전혀 기억나지 않았다. 하지만 본능에 충실하게 움직이던 내가 기록에 남아 있다. 나는 그때의 내가 부러웠다. 나에게 '본능'은 나카노역 앞에서 즐겁게 젠카를 추는 침몰가족 어른들의 모습이기도 했다.

'춤을 추지 않으면 알 수 없어.' 슈케이가 그 가사를 보여주었을 때 나는 깜짝 놀랐다. 그건 젠카를 출 수 없는 나를 가리키는 말이었다. 슈케이에게 '본능'이라는 단어를 들었을 때, 야마 씨와 옥상에서 복싱을 하던 엄마의 모습이 떠올랐다. 무료 소식지에 엄마가 쓴 '쓰치 일기'(2월 22일)에는 이런 이야기가 적혀 있었다.

> 아이들의 싸움을 보았다. 밀치락달치락 법석을 떨었다. 쓰치는 입을 뾰로통하게 내밀고 있는 힘껏 "메롱"하고 야유한다. '쓰치는 아이구나'라고 생각했다. 내가 복싱을 하고 싶은 건 역시 아이가 아니기 때문일까.

'본능'을 충실하게 따르며 살아온 엄마에게도 '본능'에 대한 동경 비슷한 무언가가 있었던 것 같다. 이 감정은 누구에게나 있으리라. 엄마가 본능을 동경하는 마음을 느끼도록 한 사람이 나라는 점도 흥미로웠다. 물론 그렇게 생각하고 복싱 대결을 벌이는 모습을 보면 엄마는 역시 괴짜다. 슈케이에게 본능과 이성의 이야기를 들으며 내가 겪은 여러 일을 떠올렸다.

나는 슈케이를 만나 동요 「추억의 앨범」에 관한 이야기를 했다. 하치조지마에 가기 전, 엄마와 나의 송별회에서 어른들이 평소처럼 잔뜩 어지른 탁자에 빙 둘러앉아 술을 마시며 「추억의 앨범」을 부르는 장면이었다. 술에 취해 음정도 안 맞고 2절 가사도 엉터리인, 다 같이 부르는 「추억

쓰치 일기   쓴 사람 가노 호코

2月 10日 (月) 2세 9개월 8일 차
아침에 일어나 '쓰치'라고 불렀다. 부르고 나니 쓰치가 아닌 것 같은 기분이 들었다. 두통 탓에 기억이 이상한 걸 수도. 쓰치가 "나는 마흔셋이야"라고 말한 것도 그런 건가.

2月 11日 (火) 2세 9개월 9일 차
쓰치가 열이 있다. 그런데 "다마고 아저씨네 갈래. 다마고 아저씨네 갈래"라고 말하며 투정을 부려서 유모차에 태워 갔다. 쓰치가 다마고 씨를 따라가서 내가 쫓아가니 "엄마는 오면 안 돼"라고 말했다.

2月 12日 (水) 2세 9개월 10일 차
아침에 일찍 일어났다. 아침부터 10미터 질주를 계속하고 있다. 달리다가 뒤를 돌아보고, 다시 달리며 왔다 갔다 했다. 일이 생겨서 6시에 데리러 갈 수 없을 것 같아 시노부와 메구에게 가달라고 부탁했다.

2月 22日 (土) 2세 9개월 20일 차
아이들의 싸움을 보았다. 밀치락달치락 법석을 떨었다. 쓰치는 입을 뾰로통하게 내밀고 있는 힘껏 "메롱"하고 야유한다. '쓰치는 아이구나'라고 생각했다. 내가 복싱을 하고 싶은 건 역시 아이가 아니기 때문일까.

月 3日 (月) 2세 9개월 29일 차
오랜만에 쓰치를 만났다. 쓰치는 콧물을 늘어뜨리고, 손도 차가웠지만 잘도 떠들어댔다. 손을 잡고 걸었다. ○○ 군과 쓰치의 손을 하나씩 잡고 장을 봤다. 쓰치는 질질 끌려가면서도 깔깔 웃었다.

月 4日 (火) 2세 9개월 30일 차
보육원에 데리러 가니 쏜살같이 튀어나왔다. 목욕탕에서 배를 깔고 타일에 누운 쓰치가 헤엄치듯 움직였다. '바나나주스'를 먹고 싶다고 하도 끈질기게 말해서 사주었다. 내가 조금 (주스를) 마시자 "다 먹었잖아~"라면서 울음을 터뜨렸다.

月 8日 (土) 2세 10개월 3일 차
숙취(내가). 3시 지날 무렵에 나갔다. 둘이서 이노가시라공원에 가서 닭꼬치를 먹었다. 쓰치는 보트를 계속 구경했다. 유자와야쇼핑몰 옥상에서 RC카 레이스도 봤다. 오랜만의 데이트여서 재미있었다.

月 9日 (日) 2세 10개월 4일 차
사츠키 씨와 마코리와 나, 쓰치가 함께 다카오산에 갔다. 멍하니 있던 쓰치에게 불을 건넸더니 힘이 넘쳤다. 산속에서 뒹굴며 '나뭇잎 귀신'이 되었다. 두고 가면 그대로 산속에서 살 것 같았다.

무료 소식지에 실린 엄마의 '쓰치 일기'.
읽고 있으면 아이는 흥미로운 존재라는 생각이 든다. 내 얘기지만.

의 앨범」을 나는 거실 반대편에서 이불을 뒤집어쓴 채 들었다. 그때 나는 어떤 마음으로 이 노래를 듣고 있었을까? 「추억의 앨범」은 내 머릿속에서 줄곧 떠나지 않았다. 모르겠다. 기억나지 않는다. 춤을 출 수 없다. 지금의 내 관점에서 만든 이 영화에 다시 한번 「추억의 앨범」을 넣고 싶었다. 그래서 슈케이에게 멜로디 부분에 하나만 이것을 편곡해서 넣을 순 없는지 물었다. 그리고 슈케이에게 마지막으로 전한 이야기는 '고마움'이었다.

A·I·A·O·U

경제적으로 빠듯한 싱글맘과 갓난아기를 구해준 사람은 분명 그곳에 와준 사람들이었다. 의무도 계약도 없었다. 오고 싶은 사람들이 오는 느슨한 관계. 기저귀를 갈고 밥을 먹이고 함께 놀아주었다. 침몰가족에 질 수 없다는 마음으로 주말을 나와 함께 놀아준 야마 씨는 최선을 다해 나와 엄마를 마주했다. 촬영을 하면서 서로 허심탄회하게 이야기했을 때도 변함없었다. 야마 씨와 엄마의 의견이 엇갈렸지만, 평일과 주말에 경험한 두 세계는 모두 누군가가 내 곁에 있어 준 행복한 시간이었다.

가장 오랜 시간을 함께한 엄마에게는 그러한 장소를 만

들어줘서 고맙다. 다른 누구보다도 부모가 가장 아이에게 애정으로 대해야 한다는 규범이 있다면, 엄마는 규범에서 벗어난 사람처럼 보일지도 모른다. 하지만 엄마는 혼자서 나를 키울 수 없음을 인정한 뒤 사람들에게 도움을 요청했다. '혼자 할 수 없다'라는 지점에서 시작해 전단을 뿌린 결과 많은 사람이 엄마에게 걸려들었다. 나는 그 판단에서 엄마의 사랑을 느낀다.

세상에는 이만큼 다양한 사람이 있음을 어린 시절부터 경험했다. 그 길을 선택한 엄마에게 나는 깊이 감사했다. 예전에는 감사함을 느낀 적이 없었다. 15년간 떨어져 있던 침몰가족 어른들은 나에겐 과거의 사람이고, 지금의 나와 유대를 느낄 일도 없었다. 하지만 다시 만난 그들과 즐겁게 나누는 이야기에는 분명 내가 있고, 육아 노트에 그 증거가 남아 있다. 야마 씨가 찍은 사진을 발견하지 않았다면, 그가 얼마나 가족의 형태를 고민하고 있었는지 알지 못했겠지. 함께 술을 마시며 화투를 치는 친구 같은 엄마에게 새삼 감사를 전해야겠다는 생각도 하지 못했다.

그래서 영화를 찍으면서 깨달은 고마운 마음을 MONO NO AWARE의 음악에 담고 싶었다. 제목은 「A·I·A·O·U」 언뜻 이상해 보이는 제목이지만, 여기에는 의미가 있다. 어린 시절 모음 소리만 낼 수 있던 갓난아기가 서서히 말을 할 수 있게 되면서 '아이아오우'에서 '아리가토우[고마워]'라고 말할 수 있게 된다는 의미다.

감사의 마음을 전하려니 몹시 쑥스러웠지만, 어른이 되어 말할 수 있게 된 만큼 영화의 엔딩에서 제대로 고마움을 말하고 싶었다. 자신이 세상의 중심인 줄 알고 폭군처럼 굴던 '쓰치'는 생각한 바를 바로 내뱉고, 하고 싶은 일도 바로 행동으로 옮겼다. 하지만 바지를 입기 싫다며 떼를 쓰다가 끝내 팬티 바람으로 보육원에 갔던 나는 이제 없다. 그

하치조지마를 떠나는 배 위에서. '침몰가족' 글씨는 무료 소식지에서 가져왔다.
주제곡이 흘러나오는 이 장면이 라스트 신.

래서 머리에만 있는 생각을 좀처럼 말로 표현하기가 어려웠다. 졸업 과제에서 내가 '나'를 드러내지 않았던 것도 그런 부끄러움 때문이었다. '가족'이라서 감사하는 게 아니라는 점도 전하고 싶었다. 돌보미도, 야마 씨도, 엄마도 똑같은 한 인간이었다. 그들은 '돌보미'나 '아버지', '어머니'라는 역할로 나를 대한 것이 아니다.

영화 개봉이 시작되기 약 두 달 전에 열린 라이브 공연에서 「A·I·A·O·U」가 처음으로 무대에서 선보였다. 가득 찬 관객들 앞에서 노래를 부르는 슈케이, 기타의 세이준, 베이스의 다케다 씨, 드럼의 야나기사와 씨. 모두 멋있었다. 노래, 연주, 가사, 멜로디가 커다란 감동의 물결을 만들어냈다. 내 추억의 앨범이면서 관객 한 명 한 명에게 추억의 앨범이기도 했다.

엄마 아빠 연필 빵빵 해바라기
오래전부터 알고 있었어
그건 무슨 사인이야? 아마 들어도 모를 거야
그건 무슨 사인이야? 아마 누구도 모를 거야
춤을 추지 않으면 알 수 없어
새삼스럽지만 아이 러브 유, 맘

늦었지만 아이 러브 유, 대드
아주 오래전부터 알고 있었지만 말할게
상식, 비상식, 필요 이상의, 필요 최소한의 매너
도덕, 규칙에 얽매여서
틀리면 안 된다고 하지만 새로워야 한다고
들으며 자란 지금에 와서 보면
하지 못했던 말을 할 수 있게 될수록
말하지 않게 되나 봐
텔레파시를 갖고 싶다는 생각조차 하지 않게 된 것도
텔레파시라는 말을 알게 된 이후이고
그건 무슨 사인이야? 아마 들어도 모를 거야
그건 무슨 사인이야? 아마 누구도 모를 거야
춤을 추지 않으면 알 수 없어
새삼스럽지만 아이 러브 유, 언제나 함께였던 아저씨
주책이지만 아이 러브 유, 미래의 당신
그런 걸 계속 언제나 생각할 것 같아
키가 크고 목소리가 바뀌고
예전보다 말도 늘었어
나에게만 보였던
많은 것들은 잊어버렸어

깨달았을 땐 이어져 있었어

손을 잡는 일도 이제 없네

하지만 삶의 자취는 보고 있어

지금 그걸 따르고 있어

고마워

새로운 가족

포레포레히가시나카노에서 영화를 개봉할 때 수많은 사람의 도움을 받았다. NHK 다큐멘터리에서 내레이션을 담당했던 사노 시로 씨가 영화를 보고 코멘트를 남겨주었다. 그 마지막 문장은 "이 영화가 쓰치 군이 느끼는 가족이라면 나도 여기에 넣어주면 좋겠다"라는 말이었다.

예매권을 맡아서 처리해준 사람, 음악을 만들어준 MONO NO AWARE, 토크 게스트로 나와준 사람, 배급과 홍보 담당자, 영화관 접수처, 영사 담당자까지 이들 덕분에 「침몰가족」이 스크린에 걸릴 수 있었다. 상영 후에는 "나, 쓰치 군 안아준 적 있어!"라고 웃으며 말을 건넨 이름도 얼굴도 모르는 아저씨 관객도 있었다. 매회 영화를 보고 감상을 전해준 관객도 있었다. 모두가 영화를 만들어 개봉하고 무대에 오르면서 생긴 '가족'이었다.

영화는 극장 안에서 끝나지 않았다. 졸업 과제를 만들 때부터 퍼실리테이터를 담당한 후나노카와 세이코 씨가 극장 위 카페에서 관객이 참가하는 대화 이벤트를 열어주었다. '말하지 않고는 못 참아! 침몰가족의 그 후'라는 제목으로 열린 이벤트는 감독과 게스트가 일방적으로 이야기하지 않고, 참가자들이 서로 이야기를 나눴다. 연령, 성별이 다양한 마흔 명 정도가 모였다. 영화의 감상을 누군가에게 말하고 싶다는 사람부터 모두가 영화를 보고 어떻게 생각했는지 들어보고 싶다는 사람까지 저마다 다양했다.

이벤트 후 한 참가자는 "내가 자라온 환경을 이야기할 때 어딘가 조금 금기시하는 지점이나 신경이 곤두서는 지점이 있는데, 「침몰가족」을 보고 가족이나 사람들과 어울리는 것에 관해 이야기하고 싶어졌어요!"라고 감상을 남겼다. '남의 집 이야기'에서 '우리 집 이야기'가 되다니. 영화가 제 힘으로 훨훨 먼 곳으로 날아가는 것 같았다.

엄마는 히가시나카노역 앞에서 돌보미 모집 전단을 돌리고 침몰가족을 시작했다. 나도 20년 뒤 같은 장소에서 영화 전단을 돌렸다.

히가시나카노가 무대인 공동육아 다큐멘터리입니다.

포레포레히가시나카노에서 개봉합니다. 공동육아로 자란 제가 직접 감독을 맡았습니다.

포스터를 목에 걸고 호객꾼 같은 모습으로 목청껏 전단을 나눠주는 나를 다시 보고 흠칫하며 받아주는 사람이 몇 명이나 있었다. 역 앞에서 전단을 나눠주는 나의 모습이 마치 픽션처럼 느껴졌다.

극장에서는 매일 새로운 만남이 또 새로운 만남을 불렀다. 영화를 찍으면서 멋진 사람들과 친해졌다. 내가 영화를 세상에 내놓지 않았다면 만나지 못했을 사람들이다. 나는 영화를 공개하면서 '가족'을 만들려고 했다. 사람이 사람을 부르던 침몰가족과 엄마에게 질 수 없다는 마음이 있었기 때문인 것 같다. 대학 편집실에서 머리를 붙들고 고민할 때는 생각도 못 했지만, 전단을 나눠줄 무렵에 나는 처음부터 마치 그것이 목적이었던 것처럼 생각하고 있었다.

포레포레히가시나카노에서 두 달 반 동안 상영하는 중에 100번 이상 무대 인사를 했다. "감독님이 아니라 쓰치라고 부르고 싶네요"라며 상영 후 말을 건 관객들이 많았다. 영화의 '쓰치'와 눈앞의 나를 보고 '쓰치 군'이라고 불러주니 무척 기뻤다.

9장 인간 해방 (앞으로의 쓰치)

"어떤 가족을 만들고 싶나요?"

상영 후 토크나 인터뷰에서 반드시 나오는 질문이다. 어렵다. 십중팔구 말문이 막힌다. 그럴 때면 언제나 실실 웃으며 "글쎄요?"라고 넘긴다. 그리고 집에 돌아가는 길, 잠들기 전에 초조하게 생각에 잠긴다. 그 질문에는 "본인도 침몰가족을 하고 싶나요?"라는 의미도 들었지 싶다. 하지만 침몰가족은 내가 하고 싶다고 해서 가능한 일은 아닌 것 같다.

엄마처럼은 될 수 없어

사진가인 우에모토 이치코 씨가 포레포레히가시나카노 상영 당시 토크 게스트로 와주셨을 때의 일이다.

"저도 공동육아를 하고 싶은데, 어떻게 하면 침몰가족처럼 될 수 있을까요?"

무대에서 이렇게 질문을 받고 나는 몹시 당황했다. 침몰가족은 엄마 개인의 파워가 아주 컸다고 보기 때문이다. 그렇다고 해서 "젊은 시절의 우리 엄마와 친구가 된다면 가능할지도 모르겠네요……"라고 대답할 수도 없어서 얼버무리고 말았다. 엄마 같은 카리스마가 없다면 공동육아는 불가능할까? 나는 줄곧 이 물음에 마음이 초조했다. 이것은 엄마를 향한 열등감과도 연관되어 있었다. 시노부 씨나 침몰가족의 어른들이 신기하게도 다들 한목소리로 하는 말이 있다.

"언제나 호코를 짝사랑하는 느낌이야."

침몰가족에서 함께 지냈던 사람들도, 출산하기 전부터 알고 지낸 엄마의 친구들도 모두 이렇게 말했다. 엄마는 누구와도 지나치게 깊은 관계를 만들지 않는다. 가족이라는 껍데기에서 벗어나고 싶어서 고등학교 때 살던 집을 나왔다. 야마 씨와 나, 세 사람의 혈연관계로 이어진 생활에서도 벗어났던 것처럼 인간관계에서 '굴레'를 만들지 않으려고 노력했다. 사람을 신뢰하지 않는다거나 의지하지 않는다는 것이 아니라, 자유로운 관계를 만들고 싶어 했다.

하치조지마의 우레P야 활동도 결코 엄마를 중심으로 움직이지 않는다. 엄마를 포함한 누구도 선두를 맡아 활동 목표를 세우는 일 없이 각자가 원하는 유쾌한 시간을 정해서 보내는 것을 지향한다. 다 같이 손을 잡고 하나의 목표를 향해 노력하기보다 한 명 한 명 아무런 이유 없이 그 자리에 있는 것만으로도 충분하다.

영화에서 가장 좋아하는 장면이 있다. 우레P야에서는 다음 모임에 무엇을 하고 싶은지 다 같이 결정한다. 집에서 빈둥거리는 날로 정하기도 하고 여름에는 바비큐를 하거나 새해에는 전골에 어떤 재료를 넣고 싶은지 등을 같이 이야기하며 결정한다. 내가 촬영한 날도 평소처럼 함께 이야기를 나누고 있었다. 그때 제일 뒤에서 연로한 남성이 난로 위에 올라간 고양이의 꼬리를 만지며 "꼬리 흔들어~ 꼬리 흔들어~"라고 작게 고양이에게 속삭였다. 구석에서 고양이와 노는 할아버지의 모습이 무척 정겹기도 했지만, 사람들이 나누는 이야기는 뒷전인 모양이 좋았다. 고양이도 마찬가지로 회의와 할아버지는 거들떠보지도 않고 외풍이 들이치는 낡은 집 가장 따뜻한 곳에 자리를 잡고 행복한 시간을 보내고 있었다.

얼마 뒤 새해를 맞아 붓글씨를 쓰는 자리가 열렸다. 엄마가 쓴 단어는 '인간 해방'이었다. 무언가 일을 꾸미는 듯한 대담한 미소를 지으며 자신의 이름 한 글자인 '穗'를 써넣었다. 두꺼운 붓으로 거침없이 쓴 글씨는 종이를 한가득 채우는 힘찬 느낌이었다. 마치 엄마의 삶을 보여주는 듯했다.

인간 해방

이 영화는 가족의 이야기가 아니라 사람과 사람의 이야

기다. 엄마가 '인간 해방'이라고 쓰는 모습을 떠올리면서 새삼 느낀다. 그렇게 생각하면 나는 한결 기분이 편해진다. 아주 보편적인 이야기다. 내 이야기이고, 모두의 이야기이기도 하다.

인터뷰에서 '일하는 20대 사람들에게', '현역으로 육아 중인 40대에게', '아이가 쑥쑥 자라는 비결' 등 이런 질문을 받으면 언제나 고민했다. 나는 아이가 울음을 그치지 않아 난처했던 적도 없고, 일하면서 아이를 키운 경험도 없기 때문이다. 물론 지금의 일본 사회는 유모차를 전철에 실으면 싸늘한 시선을 피할 수 없고 야외에서 수유를 하면 불편하게 여긴다. 한편 일과 육아를 병행하느라 자신의 시간이 도무지 없는 사람이 있다는 사실도 안다. 하지만 나는 그 모든 어려움을 정말로 알지는 못한다. 그래서 누군가를 대변해 대답하기가 꺼려졌다.

애초에 아이와 어떻게 어울릴 것인가는 혈연관계 가족이나 보육원 선생님, 침몰가족처럼 아이를 함께 키우는 공동체 사람에게만 한정된 질문이 아니다. 거기에 속하지 않은 사람들도 자기 일처럼 고민해야 하는 일이라고 생각한다. 저출산이 심각한 문제라고 부채질하는 사회라면 더욱 그렇다. 아이는 본래 사회 구성원 모두가 함께 돌봐야

엄마가 우레P야에서 2019년 설날 새해 첫 붓글씨 쓰기 대회에서 쓴 '인간 해방'.
참고로 2020년은 '사고 재개思考再開'였다.

하는 존재다.

영화를 본 관객 가운데 이런 감상평을 밝힌 사람이 있었다. 공원에서 엄마와 내가 맥주와 회를 먹으며 야마 씨와 가마쿠라에서의 생활을 회상하는 장면에 대해 이렇게 말했다.

"뒤에서 놀던 아이들의 목소리 때문에 듣기 힘들었는데, 아이가 노는 소리를 소음으로 받아들이는 게 지금의 사회일지도 모른다고 느꼈어요."

일리가 있다고 생각했다. 엄마와 내가 뜻밖의 임신이었다는 무거운 이야기를 나누던 해 질 무렵에 카메라 뒤에서는 초등학생이 "응가, 응가" 소리치며 뛰어다녔다. 의도하고 찍은 것은 아니지만, 나는 그 장면이 무척 좋았다.

사회가 아이를 돌본다는 것은 '동네 이웃집 아저씨, 아주머니가 아이를 돌봐주던 아름다운 옛 시절의 관계성' 같은 이야기는 아니다. 누군가가 아이를 돌봐준다면 감사한 일이지만, 그건 어디까지나 그 장소에 국한된 사람들에게만 일어나는 일이라고 생각한다. 그러나 그곳을 벗어나 전철, 영화관, 공원에서 우연히 아이를 동반한 어른과 아이의 마음을 상상하는 일이 필요하다. 물론 '남의 아이'든 '보육원생'이든 그 자리에서 맡은 역할이 있는 아이에게 그냥 다가가기는 힘들다. 사실 나도 그렇다.

어린 시절 내 주변에는 내가 한 행동을 보고 웃어주거나 걱정해주는 어른이 많았다. 그 사람이 어디에 속한 누구인지 상관없이 말이다. 사람이 너무 많아서 모르는 사람도 적지 않았다. 그래서 나를 보며 웃는 사람이 침몰가족의 어른인지 아닌지는 아무래도 상관없었다. 내게는 침몰하우스 밖으로 한 발자국 나선 뒤에도 공원이나 전철에서 다가오는 어른은 침몰가족의 어른이나 마찬가지였다. 아직

철이 들지 않은 주위의 다른 아이들도 그럴 것이다. 모두가 돌보미고, 누구든 상관없이 웃어주면 기쁘고 걱정해주면 안심한다.

아이는 원래 어른보다 훨씬 사람을 '동등'한 인간으로 바라본다. 하지만 어른이 점점 사람을 '구별'하도록 가르친다. 거짓말 같은 이야기라서 처음에는 믿기 힘들었지만, 어느 초등학교에서는 모르는 어른이 인사를 하면 무시하도록 아이들에게 가르친다고 한다. 아마도 그러한 태도가 아이와 부모의 세계, 아이가 없는 어른의 세계를 나누는 것이 아닐까.

엄마는 '가족 해방'이 아니라 '인간 해방'이라고 썼다. 아주 희망적이다. 가벼움, 느슨함, 여러 화살이 사방팔방으로 날아가는 듯한 이 단어를 보고 엄마가 가마쿠라에서 인터뷰를 하면서 했던 말이 떠올랐다.

- 아이를 낳고 싶은 생각은 있었어?
- 아니 딱히. 어쩌다 생겼어. 너라는 존재는.

담배를 피우고 술을 마시며 맥 빠진 목소리로 말했다. 엄마의 이 말은 영화를 만드는 내내 중요하게 작용했다. 나

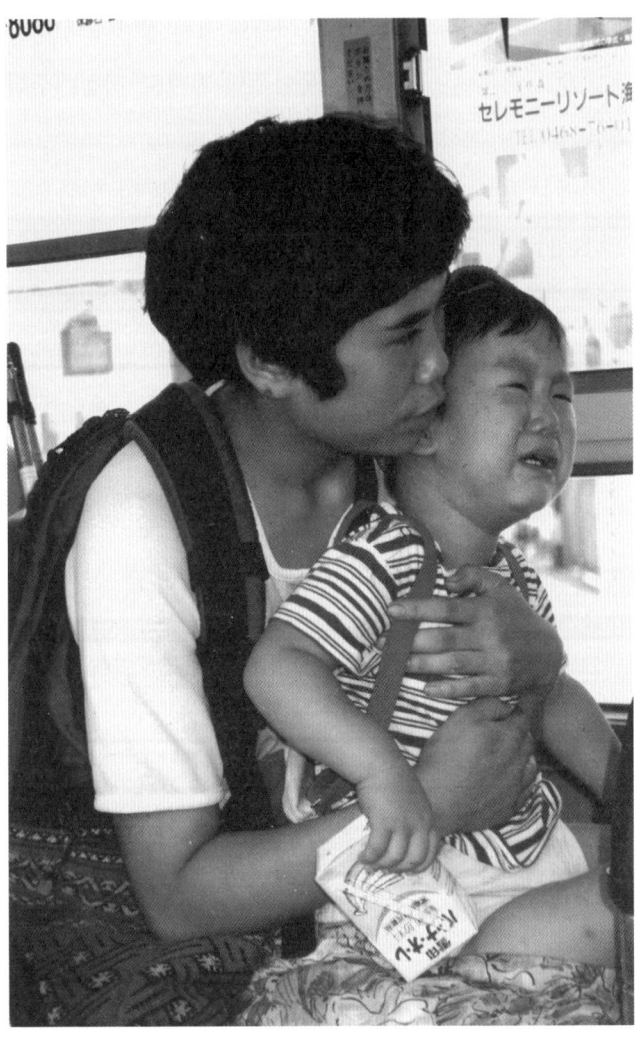

어렸을 때 나와 엄마.

는 영화를 만들면서 줄곧 지금의 나와 침몰가족의 나를 연결해 생각하려고 했다. '침몰가족에서 자란 것이 지금의 나에게 어떤 영향이 있을까?'라는 물음에 답하려고 했다. 하지만 하치조지마에서 엄마와 지내는 생활도, 야마 씨와 보낸 주말도, 대학생이 된 이후의 생활도 그 모든 것이 합쳐져 지금의 내가 되었다. 메구도 나와 똑같이 생각하고 있었다.

우연을 긍정해

나는 침몰가족에서 자란 것을 우연이라고 생각한다. 침몰가족을 시작한 엄마에게서 태어난 것도 우연이다. 우연을 긍정하는 것은 인생을 풍요롭게 하는 사고방식인 것 같다. 엄청나게 관계가 나쁜 줄만 알았던 야마 씨와의 사이에서 엄마가 뜻밖의 임신을 한 것도 우연이다. 전단을 보고 모인 사람들도 운명이 아니라 그 장소와 그 시기에 우연히 있었기에 나를 돌보게 되었다. 엄마가 공동육아를 생각할 수 있었던 밑바탕에는 우연히 할머니의 딸로 태어났기 때문이다. 영화를 만들면서 나도 모르게 '그거면 되지 않나'라는 생각이 들었다.

아이는 태어날 가정을 선택할 수 없다. 그래서 아이는

본래 가엾은 존재다. 부모의 경제 상황이나 직업, 사는 곳, 무엇을 먹을지 아이는 스스로 결정할 수 없다. 불행하다. 그래서 부모나 가까이에 있는 어른을 따를 수밖에 없다. 하지만 나에게는 침몰가족에서 자라며 즐거웠던 추억이 있다. 그리고 지금 내가 살아 있는 것은 적어도 침몰가족의 덕분이라고 생각한다. 행운이다.

그러나 침몰가족처럼 많은 사람이 집에 드나드는 환경이 버거운 아이도 있을지 모른다. 또 메구와 나처럼 서로 웃으며 "나쁘지 않은 것 같은데?"라고 말할 수 없는 아이도 있을 것이다. 만약에 나와 메구가 중학생 때까지 그 집에서 살았다면 좀 더 다른 관점이었을 수도 있다. 어린 시절의 엄마처럼 친구들에게 "쟤네 집에 가면 양말이 새까매진다"라는 말을 듣고 집에 친구를 부르기 싫어지거나 만취한 어른과 얽히기 싫어서 방에 처박혀 지냈을지도 모른다. 하지만 아무리 생각해도 그건 알 수 없는 일이다.

히로시마의 요코가와시네마에서 열린 토크 게스트로 와주었던 시인 아서 비나드 씨가 본인이 진행하는 라디오에 나를 불러주었을 때, 이렇게 말했다.

"영화에서 메구 씨와 본인의 경험을 실험이라고 말했는데, 저는 모든 육아가 실험이라고 생각해요."

맞는 말이다. 아이는 스스로 선택할 수 없다. 부모가 원하는 대로 아이가 자라주기를 바라는 마음이 아무리 강해도 어떻게 자랄지 알 수 없다. 무엇이 아이에게 올바른지도 알 수 없다. 특수한 환경에서 자랐기 때문에 '실험'이라는 말이 깊이 와닿은 것도 있지만, 어떠한 환경에서 키우든 육아는 실험이다. 이제 갓 태어난 아이는 무엇이 '보통'인지 알지 못하니까.

특별한 환경에서 자랐다고 해서 특별한 어른이 되는 것은 아니다. 이것이 나의 성장 과정을 따라간 영화에서 내가 전하고 싶은 메시지다. 나는 딱히 착한 사람도 나쁜 사람도 아니다. 가족을 다룬 영화들이 항상 그렇듯 따뜻한 가족애에 관한 이야기거나 질척이는 트라우마로 점철된 이야기인 현실에 불만을 느꼈기 때문일 수도 있다. 나와 메구는 평범하게 자랐고, 그저 편안하게 침몰가족을 "나쁘지 않은 것 같은데?"라고 말한다. 이렇게 자란 사람들이 있다는 사실을 알아주기를 바랐다.

영화를 개봉하면서 대리출산, 입양, 특별양자결연, 동성애자 커플의 육아 등 이미 사회에는 다양한 형태가 존재하는 것도 알게 되었다. 전국 곳곳에서 새로운 가족의 형태를 이룬 사람들을 만났다. 연립주택에서 이웃과 함께 아이를 키우는 사람부터 셰어하우스에서 여러 부부가 함께 살며 아이를 키우는 집까지 다양했다. 일본 곳곳에 저마다 기대를 안고 아이를 키우는 엄마 같은 사람이 많았다. 그들은 하나같이 아이가 커서 이 환경을 어떻게 생각할지 불안하다고 말했다. 하지만 다양한 방식으로 아이를 키우는 사람들도 이 영화를 보고 "가족이라는 관계를 이렇게 느슨하게 생각해도 되는구나!" 하고 놀라워했다. 그래도 된다고 생각한다. 형태는 조금 다르더라도 아이는 알아서 잘 크는 법이니 안심했으면 좋겠다. "어떤 가족을 만들고 싶어요?"라는 질문을 받으면 "될 대로 되겠죠"라고 답할 수밖에 없다.

극장판 영화가 개봉하는 날, 엄마가 첫 무대 인사에 왔다. 전국에 스무 곳이 넘는 상영관에서 개봉하는 일보다 엄마에게 보여주는 것이 더 긴장되었다. 장소는 엄마에게 익숙한 히가시나카노였다. 무대가 정리되고 꽉 찬 관객석 앞에서 나는 엄마를 무대 위로 불렀다. 힘찬 박수 속에 나타난 엄마의 첫마디는 "끝나기 20분 전부터 화장실에 가고 싶었는데 다녀와도 될까요?"였다. 이렇게 맥이 풀리는 일이 있나 싶었지만, 엄마의 첫날 감상은 그랬다. 엄마가 무슨 말을 할지 누구보다 신경이 쓰였기에 나는 무대에서 맥이 빠졌다. 다만 집에서 술을 마시다가 엄마가 무심코 한 말에 기분이 좋아졌다.

- 네가 영화를 만들어주어서 다시 한번 침몰가족에 대해 생각할 수 있었어.
- 그래? 다행이다. 이 영화를 전국에서 봤으면 좋겠어?
- 뭐, 그건 부끄럽지. 이렇게 전국에서 상영할 줄은 생각도 못 했으니까. 하지만 내가 이쿠타의 집(본가)에서 공동육아의 힌트를 얻은 것도 과거에 이미 행동했던 사람들이 세상에 기록을 남겨주었기 때문이야. 그래서 침몰가족을 보고 여기에서 힌트를 얻는 사람이 있다면 참 좋겠어.

거창한 표현일지 모르지만, 엄마에게서 '공동육아의 계승'이 느껴지는 말이었다. 핏줄로 이어지지 않은 어른들에게 키워진 나는 반대로 혈연에 대한 조바심이 있었다. 지금까지는 아이의 위치에서 주어진 환경을 살아갈 수밖에 없었다. 하지만 앞으로 나이를 먹어가는 동안 혈연과 마주할 일도 많아질 것이다.

내가 지금처럼 살아갈 수 있는 것도 할머니 덕분이다.

나의 대학 등록금은 내가 컸을 때를 대비해 할아버지와 할머니가 모아둔 돈에서 대부분 충당했다. 고등학교 졸업 후 할머니의 집에서 대학을 다니던 시절에는 엄마가 방값을 내주었다. 내가 부족함 없이 생활할 수 있던 데는 경제적으로 여유가 있던 할아버지, 할머니가 손자의 부담을 덜어주었기 때문이다. 혈연으로 인해 좋은 일과 나쁜 일은 앞으로도 종종 생길 것 같다.

막연히 그런 생각을 할 무렵, 할머니가 세상을 떠났다. 2019년 2월이었다.

할머니의 죽음

나는 대학에 들어가면서 가와사키에 있는 할머니의 집에서 함께 살았다. 생전에 할머니와 가장 많은 시간을 보낸 사람은 나였다. 가와사키의 집에는 깨끗한 화장실과 욕실이 있었고, 할머니는 내가 집에 가면 비싼 초밥을 주문해주었다. 침몰하우스에는 없는 풍족한 생활이 부러웠다.

대학 수험 직전 마지막 심기일전을 위해 가와사키에서 며칠간 묵었던 적이 있다. 할머니가 합격 부적을 사다 주거나 매일 맛있는 음식을 차려준 것이 무엇보다 큰 힘이 되었다. 대학 합격을 확인했을 때 곁에 있던 사람도 할머니였다. 그날 밤에는 장어를 먹었던 것 같다. 대학에 들어간 뒤로 할머니의 집에서 살았지만, 대학 4년 동안 나는 라면 가게에서 야간 아르바이트를 했다. 생활 패턴이 다르다 보니 둘이서 함께 맛있는 음식을 먹는 일도 자연스레 줄었다. 내가 냉장고에 있는 건 뭐든지 먹어 치우는 바람에 먹으면 안 되는 것에 할머니가 메모지를 붙여놓기도 했다. 여러모로 민폐를 끼쳤지만, 세대가 다른 두 사람의 신기한 '셰어하우스'였다.

잠이 덜 깬 눈으로 한낮에 일어나면 할머니는 언제나 창가 의자에 앉아 책이나 신문을 읽고 있었다. 나는 늘 볶음밥 또는 파스타에 시판 소스를 끼얹기만 한 간편 요리를 할머니 앞에 앉아서 먹었다. 텔레비전 뉴스를 함께 보다가 집단적 자위권, 공모죄, 오키나와, 후쿠시마, 핵무기 같은 단어가 나오면 할머니가 무심코 이야기를 꺼내 흥미롭게 들었다. 할머니의 이야기를 듣고 나면 나른하던 내 오후에는 팽팽한 긴장감이 돌았다.

침몰가족을 촬영하는 동안 할머니는 점점 혼자서는 거동이 불편해졌지만, 마지막까지 정신은 또렷했다. 노망나기 전에 죽고 싶다며 내게 속마음을 털어놓기도 했다. 당연하게 내 눈앞에 있고, 사케를 좋아하며, 한가할 때는 퍼즐을 하고, 노트북 앞에 앉아 원고를 쓰던 할머니의 죽음은 상상도 할 수 없었다.

할머니가 구급차에 실려 갔을 때는 아무것도 해주지 못했다는 죄송한 마음이 가득했다. 누군가의 임종을 지키는 건 그때가 처음이었고, 엄마와 형제들도 교대로 병실을 계속 지켰다. 지금은 병원이 어떻게 되는지 모르지만, 집중치료실은 혈연이 아니면 들어가지 못하는 것일까? 멍하니 그런 생각을 했다.

엄마와 야마 씨가 부모라는 느낌은 없었지만, 할머니에게는 '할머니'라는 느낌이 아주 강했다. 집이라는 껍데기에서 벗어나 많은 사람과 아이를 키우고자 했던 엄마가 자신의 어머니를 간병하고 장례를 준비했다. 엄마의 형제들이 집에 모여서 술을 마시는 모습이 왠지 신기했다. 보통의 가족이 무엇인지 모르고 자란 나에게는 할머니의 장례식이 처음으로 경험한 가족 행사였다.

할머니는 2019년 2월에 세상을 떠났다. 포레포레히가시나카노에서 영화가 개봉하기 두 달 전의 일이었다. 영화 개봉을 앞두고 홍보와 재편집으로 바빠서 돌아가시기 전에 할머니와 거의 시간을 보내지 못했다. 그래도 휠체어를 타고 극장까지 갈 방법을 열심히 알아보기도 했고, 상영 후 토크에 나와달라고 이야기하기도 했다("뭐라고 말해야 좋을지 모르겠어"라는 답변이 돌아오긴 했지만). 할머니는 도쿄올림픽에는 넌더리를 냈지만, 적어도 봄까지는 힘을 내서 하코네에서 꽃을 보고 싶다고 이야기했다. 4월 극장 개봉도 기대하고 있었을 테다. 올림픽은 안 볼 수 있었지만, 극장에서 영화를 보겠다는 바람은 끝내 이루어지지 못했다.

장례를 마친 뒤 할머니의 컴퓨터를 정리했다. 내가 이용 방법을 알려준 할머니의 트위터 계정에는 영화의 홍보 게시글을 여러 번 리트윗한 기록이 있었다. 쑥스러웠지만 무척 영광이었다. 게시물을 거슬러 올라가니 트윗 하나가 있었다. 할머니가 아직 건강했던 시기에 「침몰가족」 졸업 과제 버전을 본 감상이었다.

"여러 곳에서 상영되었지만 보지 못했던 「침몰가족」. 손자와 딸을 다시 보았을 뿐만 아니라, 인간을 믿을 수 있다는 느낌이 들어 마음이 따뜻해졌다."

상영 후 토크에 할머니의 오랜 동료 연구자인 사회학자 우에노 치즈코 씨가 참석해주셨다. 할머니가 돌아가신 지 두 달 정도가 지난 무렵이었다. 우에노 씨는 가노 미키요에서 가노 호코, 가노 쓰치로 이어진 삼대에 놀라워했다. 동료 연구자들 사이에서도 할머니는 가족 이야기를 전혀 하시 않았다고 한다. 할머니에게 가족이란 무엇이었는지 좀 더 물어보면 좋았을 텐데, 아쉬움이 들었다.

엄마가 할아버지, 할머니 아래에서 자라서 침몰가족이 탄생했는지는 알 수 없다. 하지만 집 안에 가득했던 젠더와 여성사 관련 서적들은 공동육아를 떠올리는 힌트가 되었을 게다. 엄마는 이렇게 말했다.

"어렸을 때 '여성 해방'이라고 쓴 책이 잔뜩 있어서 '여자'는 묶여 있는 존재라고 생각했어."

자식에게 부모의 '이상'을 실현하려 했던 부모에 대한 반발심과 나도 가만히 있지는 않겠다는 마음도 있었을 것 같다. 물론 집을 나온 뒤 여러 사람과의 만남도 영향을 미쳤으리라.

누구나 자기만의 철학이 있다

하나의 원인이 하나의 결과로 탄생하는 건 아니다. 하지만 내가 엄마와 이야기하며 가장 공감한 일이 있다.

"철학이라고 하면 무언가 거대한 느낌이 들잖아. '-이즘'이라고 하면 말이야. 하지만 누구나 자기만의 철학이 있다는 걸 그 집에서 배웠던 것 같아."

엄마가 자란 가정은 '자신의 철학에 따라 생활한다'라

는 아주 기본적인 가르침을 준 곳이 아닐까 싶다. 침몰가족을 막 시작했을 무렵 엄마는 무료 소식지에 글을 썼다.

왜 이런 일을 하는가 하면,
① 내가 원하는 일을 할 시간이 필요하다.
② 여러 사람과의 관계 속에서 쓰치가 자랐으면 좋겠고, 나도 그런 환경에서 지내고 싶다.
①과 ②는 대부분 동시에 세트로 일어나는 일이지만, ①은 왠지 큰 목소리로 말할 수 없는 분위기를 느낄 때가 있다 ('엄마가 돼서 그런 말을 해서는 안 된다'라든지 '미숙한 엄마'라든지). **누군가에게 직접 그런 말을 듣는 일은 별로 없는데 왜 그렇게 믿어버리는지 생각해보니 이렇다. '엄마는 아이를 소중히 여기는 법→소중히 여기기 때문에 아이에게 신경을 쏟고 보살핀다→아이와 함께 지내는 것이 애정의 지표가 되기 때문에 안심할 수 있는 보육원에 맡기거나 조부모가 봐주는 것 외에 엄마 자신이 원하는 일을 하려고 아이와 떨어져선 안 된다' 여러 곳에서 이렇게 생각하고 있고, 나도 어렸을 때부터 비슷한 분위기 속에서 자란 것 같다.**
하지만 남의 시선을 의식하고 엄마가 아이의 감시자처럼 되어버리는 것은 싫다. 나는 쓰치와 산책을 하고 그림책을

읽고 노래를 부르고 싶기도 하지만, 암실에 가거나 영화를 보고 싶다. 보육원이나 혈연관계뿐만 아니라 여러 사람의 존재를 가까이에서 느끼며 살아가는 것은 멋진 일이다. 그것이 내가 쓰치와의 관계를 소중히 여기는 방식이다. 무리하다가 (자기도 모르게) 자신의 감각이 둔해지면 아이도 잘 보이지 않을 것 같다.

일방통행이 아니라 이쪽저쪽을 오가고 싶다. 누군가의 말을 듣기만 하고 억지로 외우는 건 싫다. 쓰치를 낳고 싶다는 마음이 들었을 때 그렇게 생각했고, 여러 사람이 집에 오기 시작한 지 1년이 지난 지금도 역시 즐겁다.

앞으로 쓰치 외에 다른 아이들을 만날 수 있다면 좋겠다. 쓰치도 벌써 육아를 하러 오는 사람 이름도 외우고 만남을 기대하는 모양이다.

가노 호코

이 글이 곧 엄마의 철학이라고 생각한다. 엄마는 무언가 거창한 철학이나 운동에 말려들지 않고 오로지 '즐거움'을 느끼는 일에 진지하다. 엄마는 지금 우레P야와는 별도로 일반 사단법인 '하치조지마드롭스'를 섬 주민 동료들과 함께 시작했다. 그 블로그에는 이렇게 쓰여 있다.

- 하치조지마드롭스는 누구나 자유롭게 참가할 수 있고, 그 사람이 자기답게 지역 안에서 '살고·머물고·일하고'가 가능한 공간의 운영을 지향합니다.
- 어려움에 맞닥뜨린 사람이 단 한 명도 고립되지 않는 사회를 만들기 위해 함께 생각하고, 행동합니다.
- 지역 활동 지원 센터 '요케곤'과 친환경 양계 '토토메'와 헬퍼 스테이션 '드롭스' 세 부문에서 사업을 하고 있습니다.

하치조지마에 돌아가면 엄마를 돕는다. 아침 일찍 일어나 염소를 우리 밖으로 내보낸다. 개와 고양이가 사람을 따르는 건 알았지만, 염소도 사람을 따르다니. 염소와 교감하는 엄마를 볼 때마다 매번 놀란다.

고등학교 시절 엄마가 도쿄에 가서 집을 비웠을 때는 축구부 아침 연습을 가기 전에 염소를 우리에서 내보냈다. 내가 아무리 예뻐해도 염소는 나를 뿔로 공격했다. 우리에 가면 언제나 감당이 안 되어 도로로 도망치는 염소 때문에 아침에 지각을 한 적도 여러 번이다. 엄마는 염소를 차의 짐칸에 태워 닭장이 있는 곳까지 데려간다. 엄마의 소형 왜건에서는 항상 동물들의 냄새가 난다. 전에 사귀던 여자

친구가 하치조지마에 오기로 해서 어떻게든 차를 깨끗이 세차하려고 했지만 중간에 포기했다. 고물이 다 된 차를 운전하는 엄마는 항상 반바지에 장화를 신은 이상한 차림이다.

닭들이 넓은 닭장 안에서 내달린다. 그 모습은 마치 침몰가족의 거실이다. 모래를 끼얹고 기분이 좋은 듯하다. 묶여 있던 줄이 풀린 염소는 짐칸에서 뛰어내려 풀을 뜯어먹다가 순식간에 어딘가 보이지 않는 곳으로 가버린다. 닭이 알을 낳는 모습을 볼 때마다 나는 감동한다. 포레포레히가 시나카노에서 상영이 끝나고 달걀을 팔았는데 날개 돋친 듯이 팔렸다. 팸플릿보다 많이 팔린 날도 있어서 웃음이 났다.

엄마의 '철학'은 그렇게 당연한 일상으로 이루어져 있다. 따끈따끈한 알을 품에 안고 집으로 돌아가는 차 안에서 우리 두 사람은 시시콜콜한 이야기를 주고받는다. 그 시간이 나는 좋다.

에필로그

 이 책의 원고를 침몰가족 모두에게 보여주었다. 저마다 많은 지적을 했다. "이때는 그런 형태가 아니었어"라거나 "이렇게 된 경위는 그게 아니고 이거야"라는 식이다. 초등학교 1학년 때 전 과목 '수'라는 평가는 없다며 부풀렸다는 지적도 있었다.

 기억이란 생각보다 더 불안정함을 새삼 깨달았다. 나의 기억이 정말로 당시 체험에 근거한 것인지, 아니면 이후에 본 기록에서 재구성한 것인지는 나도 자신이 없다. 침몰가족에는 많은 자료가 남아 있어서다. 육아 노트, 무료 소식지, 텔레비전 방송 영상, 홈 비디오, 대량의 사진. 침몰가족의 어른들이 기록한 양에 압도된다. 그곳에는 각자가 본

'쓰치'의 여러 모습이 남아 있었다.

어떤 사람은 "내가 더 쓰치를 돌봐주었는데, 책에 안 썼어!"라며 원고에 농담 섞인 코멘트를 써주기도 했다. 당사자면서도 당사자가 아닌 듯 어중간한 감각은 영화를 만들 때도, 책을 쓸 때도 남아 있었다. 함께하던 사람들에게 침몰가족은 생활공간이자 교류의 장, 청춘, 피난처, 지고 싶지 않은 존재였다. 그건 마치 저마다의 생각과 기억을 싣고서 두둥실 떠 있는 섬 같았다. 섬의 어디에 있느냐에 따라 보이는 풍경은 당연히 다를 것이다.

그 안에서 나는 특히 성가신 존재였다. "맘대로 단정 짓지 마! 네가 생각하는 것보다 훨씬 복잡하다고!"라며 온몸으로 화를 드러내는 박력이 있었다. 타임머신을 타고 과거로 돌아가 "지금 심정은 어떠신가요?"라고 묻고 싶어진다. 엄마가 쓴 돌보미를 모집한 전단에는 내 이름, 생년월일, 얼굴 사진 옆에 이렇게 적혀 있다.

음악과 전철을 좋아함.(아마도)

아직 말도 트이지 않은 아이를 단정하지 않으려는 자세가 작은 부분에서도 드러난다. 나도 나 자신을 단정하고 싶지 않았다.

이 책을 쓰면서 나는 어떻게 지금의 모습으로 자랐는지 답을 맞춰보고 싶었다. 하지만 답을 하나로 정하고 싶지는 않았다. 졸업 과제를 시작한 뒤로 과거 내 영상과 기록을 보느라 지쳐서 도망치기도 했다(실제로 자신의 사진과 영상을 계속 보는 일은 너무나 지친다). 다만 지금의 내가 보았을 때 이렇게나 많은 사람이 나를 생각해주어서 참 다행이다. 돌보미들이 남긴 노트, 야마 씨가 찍은 사진, 엄마가 쓴 전단에도 그 마음이 남아 있다.

이 글을 쓰는 현재, 신종 코로나바이러스의 확산으로 '모이는' 일의 가치가 달라지고 있다. 모든 것이 불확실해서 솔직히 미래에 대한 불안이 가득하다.

"침몰가족은 3밀[밀폐·밀집·밀접의 줄임말로, 2020년 고이케 유리코 도쿄도지사가 코로나 확산 방지를 위한 생활 수칙으로 'NO! 3밀' 구호를 내건 뒤 일본 전역에서 널리 쓰이며 그해의 유행어로 선정되기도 했다] 가족이네"라고 친구가 말했다. 같은 장소에 있는 것에서 시작하는 침몰가족은 현대에는 리스크가 높은 공동체일까.

시노부 씨는 침몰가족에서 육아의 고민과 그 밖의 사소한 이야기를 들어주는 사람이 바로 옆에 있다는 점이 가장 큰 도움이 되었다고 말했다. 온라인에서라도 가족에게 바깥의 바람이 불어와 잠시나마 부모의 역할에서 벗어나는 순간이 오기를 바란다. 엄마처럼 일단 "못 하겠다"라고 말해보는 것도 좋다. 그리고 못 하겠다는 누군가의 목소리가 나왔을 때, 모두가 그 소리를 들을 수 있다면 좋겠다.

침몰 동창회에서 '침몰가족이 뭐였지?' 하고 위화감을 느껴 사람들을 다시 만나고 알고 싶다고 생각한 지 6년이나 지났다. 졸업 과제, PFF 입상, 극장 개봉 그리고 책 출간……. 스무 살의 나는 상상도 못 했던 일이다.

*

이 책을 내기까지 정말로 많은 인연이 있었습니다. 많은 사람이 침몰가족을 알아주기를 바랐던 저를 도와준 모든 분들께 감사의 마음을 전합니다.

대학 전공 수업에서 침몰가족을 취재하는 것을 응원해주신 나가타 고조 선생님, 감사합니다. 다큐멘터리를 만든 경험도 없고 아무것도 모르는 상황에서 많은 도움을 받았습니다. 극장판 배급을 맡아 침몰가족을 영화관에 데려다주신 오사와 가즈오 씨, 감사합니다. 극장판에서는 구성도 맡아주셨습니다. 당사자인 저와는 다른 시점에서 전국 개봉을 염두에 두고 많은 사람에게 전달하기 위한 방법을 고민해주셨습니다. 졸업 과제로 시작된 작품을 '영화'로 만들기까지 오사와 씨의 힘이 참 컸습니다. 감사합니다.

영화 홍보 담당을 맡아주신 가세 슈이치 씨는 언론 시사회와 개봉 후 불안했던 시기에 곁에서 격려해주셨습니다. 영화 개봉을 여러 차례 경험한 가세 씨의 조언은 모든 것이 처음인 제게 큰 도움이 되었습니다. 감사합니다. 극장 개봉을 해보지 않겠냐며 제게 말을 걸어주시고 상영을 결단해주신 포레포레히가시나카노 스태프인 오하라 오사무 씨, 감사합니다. 오하라 씨와는 히가시나카노에서 함께 전단을 돌리기도 하고 히가시나카노 맛집을 찾아가기도 하면서 시시콜콜한 이야기를 많이 나눴네요. 어떻게 하면 많은 관객이 봐줄지 조언해주셨습니다. 극장에서 매일 만난 오하라 씨가 히가시나카노의 영화관에서 보는 「침몰가족」의 매력을 한껏 끌어냈습니다.

주제가 「A·I·A·O·U」를 영화용으로 다시 만들어준 MONO NO AWARE에게는 고마운 마음뿐입니다. 이 곡은 앨범 『더없이 소중한 것』에도 수록되어 전국 투어에서도 연주되었습니다. 연주가 시작되기 전에 영화 이야기를 해주어서 괜히 부끄러우면서도 기뻤네요. 주제가

「A·I·A·O·U」의 싱글판 재킷은 제 얼굴입니다. 노래를 재생하면 여러분의 스마트폰에 제 사진이 뜹니다. 정말 좋은 곡이니 꼭 들어보세요. 패밀리 레스토랑에서 보컬 슈케이를 만나 이야기했을 때부터 영화와 음악이 다양한 형태로 넓어졌습니다. 슈케이, 세이준, 다케다 씨, 야나기사와 씨. 고맙습니다. 슈케이는 영화 속 삽입곡도 만들어주었습니다. 영화에서만 들을 수 있는 「어기여차 엄마」, 「악역의 가족」을 처음 들었을 때의 감동은 잊을 수 없습니다.

영화가 개봉했을 때 코멘트와 토크 게스트 형태로 많은 분이 협력해주셨습니다. 직업도, 성별도, 살아온 배경도 전혀 다른 분들이 영화에 관해 이야기를 나눠주셨습니다. 저마다 다른 관점으로 영화를 봐주셔서 영화가 마치 살아 있는 것처럼 꿈틀거렸습니다. 감사합니다. 전국 각지에서 「침몰가족」을 상영해주신 영화관, 공동체 상영회를 기획해주신 여러분. 영화관에 가기 힘든 시절에 영화를 상영해주신 것이 얼마나 행복한 일인지 새삼 실감합니다. 그리고 무엇보다 영화를 봐주신 관객 분들께 감사합니다.

「침몰가족」 극장판은 앞으로도 전국에서 공동체 상영회를 모집하고 있습니다. 작은 마을회관부터 널찍한 홀까지 어떤 장소든 환영입니다. 불러주신다면 저도 심야 버스를 타고 슬쩍 참가하겠습니다! 교류 무한대입니다. 여러분의 감상을 많이 듣고 싶어요. 관심이 있는 분은 영화 공식 홈페이지에 필요한 사항이 나와 있으니 체크해주세요.

아, 그리고 하치조지마에도 놀러 오세요. 온천, 소주, 바다가 당신을 기다리고 있습니다! 푹 쉬다 가세요. 실은 영화를 본 관객 중에 엄마를 만나러 섬까지 간 분들이 여럿 있습니다! '하치조지마드롭스'의 블로그에서 '요케곤'이 열리는 날을 노리면 좋을지도 모르겠네요. 누구에게나 열려 있는 자유로운 공간입니다. 가공의 인물이 아니라 실제로 엄마는 섬에서 살고 있답니다. 엄마가 지금 섬에서 하는 활동은 아주 중요한 일이라고 생각합니다. 부디 한 번 오셔서 느껴보세요.

마지막으로 편집의 시바야마 씨, 영화 상영 후 관객과의 대화 이벤트에 와주었을 때부터 지금까지 감사합니다. 그리고 수고하셨습니다. 책이라는 매체를 통해 독자들이 침몰가족을 어떻게 받아들일지 벌써부터 기대가 됩니다. 앞으로도 여정은 쭉 이어질 것 같네요.

할머니. 돌아가시고 나서야 이야기를 많이 나누지 못해 아쉬웠어요. 대신에 책을 썼어요……. 깜짝 놀라시려나.

이름을 다 쓸 수는 없지만 침몰가족에서 만난 여러분,

다시 만나서 정말로 좋았습니다. 앞으로도 오래오래 잘 부탁드립니다.

야마 씨. 점점 몸매가 닮아가네. 둘 다 건강하게 지내자. 앞으로도 쭉 바닷가에서 함께 맥주를 마시고 싶어.

엄마. 영화 촬영부터 책 집필까지 바쁜 와중에 여러 이야기를 해주어서 고마워. 코로나 시대에도 변함없이 전화기 건너편에서 닭 우는 소리가 들려오는 게 최고였어. 부디 오래오래 살아줘.

많은 사람이 이 책을 읽기를 바라며.

2020년 6월 가노 쓰치

沈没家族

출연
가노 호코/ 페페 하세가와/ 이노우에/ 사토 기미히코/
후지에다 나키에/ 다카하시 라이치/ 메구/ 다마고/ 우레P야/
침몰가족 식구들/ 야마무라 가쓰요시

협력
가미나가 고이치/ 카게야마 샤인 쇼지/ 교류 Bar 아카네/
아오야기 타쿠/ SPACE SHOWER MUSIC/ 무사시대학

졸업 과제 제작 지도
나가타 고조

극장판 구성
오사와 가즈오

음악
MONO NO AWARE/ 다마오키 슈케이

주제가
「A·I·A·O·U」 작사·작곡 다마오키 슈케이 편곡 MONO NO AWARE
다마오키 슈케이/ 가토 세이준/ 다케다 아야코/ 야나기사와 유타카

삽입곡
「어기여차 엄마」 작사·작곡 다마오키 슈케이
「악역의 가족」 작사·작곡 다마오키 슈케이

홍보
contrail

홍보 미술
나루세 게이/ 나카노 기오리

배급
논데라이코

제작
오자리야레필름

감독·촬영·편집
가노 쓰치

Special Thanks
PFF(피아필름페스티벌)/ 교토국제학생영화제/ 사사키 노노카 씨/
나가타 나쓰키 씨/ 후나노카와 세이코 씨

상영 영화관 스태프 여러분
포레포레히가시나카노/ 제7예술극장/ 나고야시네마테크/
치네라비타/ 시네마춥키타바타/ 우에다영극/ 유이로드시어터/
니가타시민영화관시네윈도/ 아쓰기영화관 kiki/ 데마치극장/
모토마치영화관/ 요코가와시네마/ 시네마오미치/
시네마 잭&베티/ 시모타카이도시네마/ KBC시네마/
시즈오카시네갤러리/ 시네마이라/ 벳부블루버드극장/
가든스시네마/ 가와사키시아트센터(KAWASAKI신유리영화제)/
주소시어터세븐(요도가와다이버시티영화제)

「침몰가족」 졸업 제작판·극장판 공동체 상영회를 기획해주신
전국 각지의 여러분.

비혼 싱글맘의 공동육아기

침몰
가족

초판 1쇄 2022년 2월 24일

지은이 가노 쓰치
옮긴이 박소영
펴낸이 이정화

펴낸곳 정은문고
등록번호 제2009-00047호 2005년 12월 27일
주소 서울시 마포구 동교로13길 60 503호
전화 02-3444-0223
팩스 0303-3448-0224
이메일 jungeunbooks@naver.com
페이스북 facebook.com/jungeunbooks
블로그 blog.naver.com/jungeunbooks

ISBN 979-11-85153-48-3 03830